岐阜経済大学研究叢書 16

イタリアの歴史教育理論
歴史教育と歴史学を結ぶ「探究」

徳永俊太
Tokunaga Shunta

法律文化社

目　次

序　章　分析視角と研究方法
　　　　■歴史教育研究の三つの時期に着目して

　1　イタリアにおける歴史教育の概要 …………………………………… *1*
　2　先行研究の検討と分析視角の設定 …………………………………… *4*
　3　研究方法と章構成 ……………………………………………………… *7*

第1章　学習プログラムに見る歴史教育の変遷
　　　　■歴史学を取り入れた歴史教育への移行

　1　周縁に位置づけられた歴史科 ………………………………………… *11*
　　　（1）第二次世界大戦以前の歴史科……*11*
　　　（2）第二次世界大戦後の歴史科……*16*
　2　歴史学に意味づけられた歴史科 ……………………………………… *20*
　　　（1）1985年学習プログラム全体の特徴……*20*
　　　（2）1985年学習プログラムにおける歴史科……*25*
　　　（3）「一般史」と「歴史的探究」の構造……*27*
　3　学習プログラムの現在 ………………………………………………… *30*
　　　（1）学習内容の変化……*30*
　　　（2）「カリキュラムのための指針」……*32*
　小　括 ……………………………………………………………………… *35*

第2章　歴史教育研究の成立
　　　　■「探究」する歴史教育の提起とその後の発展

　1　「探究」という発想の登場 …………………………………………… *39*
　　　（1）マットッチィによる「探究」の提起……*39*
　　　（2）ランベルティによる「ラボラトーリオ」の提起……*45*
　　　（3）イタリアにおける「探究」活動の独自性……*48*
　2　「探究」の実現に向けて ……………………………………………… *51*
　　　（1）「探究」の前提を探る試み……*51*

i

　　　　　(2)「ラボラトーリオ」に関する研究……54
　　小　　括 …………………………………………………………………… 59

第3章 イーボ・マットッチィの歴史教育理論
■「歴史の教養」を身につける歴史教育

　1　マットッチィの初等教育のカリキュラム研究 ………………………… 64
　　　　　(1) カリキュラム研究へのマットッチィの影響……64
　　　　　(2) 教育心理学への着目……65
　　　　　(3) 歴史教育と歴史学との関係……70
　2　歴史教育の到達目標 …………………………………………………… 72
　　　　　(1) 到達目標としての「歴史の教養」……72
　　　　　(2)「歴史の教養」を身につける授業……73
　　小　　括 …………………………………………………………………… 76

第4章 アントニオ・ブルーサの歴史教育理論
■教科書論から構築される歴史教育

　1　ブルーサの歴史教科書論 ……………………………………………… 80
　　　　　(1) 実践における歴史教科書の位置づけ……80
　　　　　(2) 歴史教科書原論……84
　2　ブルーサの教育目標論 ………………………………………………… 85
　　　　　(1) 学習プログラムの位置づけ……85
　　　　　(2) 教育目標の三層……86
　3　ブルーサの授業論 ……………………………………………………… 88
　　　　　(1)「文献資料の概念」……88
　　　　　(2) 歴史の「探究」の過程……90
　　　　　(3) 量的資料の優位性……92
　　小　　括 …………………………………………………………………… 93

第5章 歴史カリキュラム論争における論点
■歴史教育における能力観の転換

　1　「垂直カリキュラム」の提案 …………………………………………… 98

(1) 提案に至る前提……*98*
　　　(2) 民間研究団体のカリキュラム案におけるブルーサの影響……*101*
　2　歴史カリキュラム論争 …………………………………………………… *105*
　　　(1) 「新しいカリキュラムに向けて」の要点……*105*
　　　(2) 33人の歴史学者によるマニフェストとカリキュラム案……*108*
　　　(3) 歴史教育研究者による応答……*111*
　小　括 ……………………………………………………………………………… *114*

第6章　歴史教育研究の現在
■「歴史教育研究者」による歴史教育理論

　1　「ラボラトーリオ」論の現在 ……………………………………………… *118*
　　　(1) デルモナコの「ラボラトーリオ」再考論……*118*
　　　(2) マットッチィの「ラボラトーリオ」原論……*120*
　2　歴史教科書論の現在……………………………………………………… *122*
　　　(1) ブルーサの歴史教科書論総括……*122*
　　　(2) ブルーサの歴史教科書の構成……*124*
　　　(3) 『歴史の作業場』の検討……*126*
　　　(4) 『歴史の作業場―ラボラトーリオ』の検討……*130*
　小　括 ……………………………………………………………………………… *134*

終　章　イタリアの歴史教育理論の特徴と課題
■「探究」が結びつける歴史教育と歴史学

　1　本研究の成果 …………………………………………………………………… *137*
　2　イタリアの歴史教育研究の到達点と課題 ………………………………… *145*

引用・参考文献一覧……*149*
あとがき……*155*
索　引……*159*

序章 分析視角と研究方法
■歴史教育研究の三つの時期に着目して

1 イタリアにおける歴史教育の概要

　イタリアにおける歴史教育研究は1978年にイーボ・マットッチィ（Ivo Mattozzi）の論文「探究としての歴史のための教科書批判—高等学校における歴史教育」（*Contro il manuale, per la storia come ricerca. L'insegnamento della storia nella scuola secondaria*）[1]が発表されたことを契機として発展してきた。本研究は，それ以降から現在までのイタリアの歴史教育研究を検討し，その理論の特徴を明らかにするものである。

　ここでいう歴史教育研究は，イタリアの初等教育，前期中等教育，後期中等教育の歴史科（Storia）と呼ばれる教科で行われる歴史教育を主に対象としている研究を指す。イタリアの公教育は，初等教育5年，前期中等教育3年，後期中等教育3〜5年で行われている。その特徴は複線型の学校体系にある。後期中等教育は進学系と職業系に大別され，それぞれの系の中にも多様な学校が存在している。義務教育の期間は2008年から後期中等教育の最初の2年までと定められた。その学校体系をまとめたのが**表序-1**である。

　この複線型の学校体系はイタリアの歴史教育研究に固有の問題を与えている。それはカリキュラムの「非継続性」（discontinuità）と「循環性」（ciclicità）という問題である。公教育における歴史教育は，公教育省（Ministero della Pubblica Istruzione）[2]が公布する学習プログラム（programmi）によって規定される。しかし，すべての学校の学習プログラムが一括で改訂されることはなく，2004年になってようやく義務教育期間の一括改訂が行われるようになった。そして，同じ内容，すなわちイタリアを中心とした古代から現代までの歴史的事象を初等教育，前期中等教育，後期中等教育で3回繰り返して学習する状態

1

表 序-1　イタリアの学校体系 (2013年現在)

教育	就学前教育	初等教育	中等教育		高等教育	
学校	幼稚園	初等学校	第一中等学校	高校（5年）	大学	高等職業教育専門学校
				職業教育専門学校（3〜5年）		
年齢	2〜4 / 4〜5 / 5〜6	6〜7 / 7〜8 / 8〜9 / 9〜10 / 10〜11	11〜12 / 12〜13 / 13〜14	14〜15 / 15〜16 / 16〜17 / 17〜18 / 18〜19	19〜20 / 20〜21 / 21〜22 / 22〜23 / 23〜24	
		義務教育期間				

が長い間続いた。このように，各学校段階の歴史教育に一貫性がないことを「非継続性」，同じ内容を繰り返すことを「循環性」と呼ぶ。

　よって，イタリアの歴史教育研究の変遷を追う際には，その時にどのような学習プログラムが公布されていたのかに注意しなければならない。そうすると，1978年から現在までの歴史教育研究の変遷は大きく三つの時期に分けることができる。

　一つ目は，1978年から初等教育の1985年学習プログラムが公布された1985年までの時期である。新しい歴史教育理論の影響を受け，1985年学習プログラムでは子どもが自ら歴史を描いていく歴史教育が提起された。これが，イタリアの歴史教育にとって大きな転換点となったのである。1985年学習プログラムに影響を与えたのは，民間の研究団体であるイタリア解放運動史研究所 (Istituto Nazionale per la Storia del Movimento di Liberazione in Italia：以下，略称のInsmliと表記) の機関誌『現代イタリア』(*Italia contemporanea*) に発表された一連の歴史教育研究である。その中でも，1978年にマットッチィが「探究」(ricerca) という言葉を用いて提起した新しい歴史の学習および，同年にラッファエッラ・ランベルティ (Raffaella Lamberti) が「ラボラトーリオ」(laboratorio) という言葉を用いて提起した歴史教育の授業論が大きな影響力を持っている。1983年にはInsmliの内部団体として歴史教育のための全国研究所 (Laboratorio Nazionale per la Didattica della Storia：以下，略称のLandisと表記) が設立され，研究者や教師による共同の歴史教育研究も行われるようになった。

学習プログラムの転換が行われる前に提起された彼らの研究は，それまでの歴史教育のあり方を抜本的に改革しようとするものである。それゆえに，従来の歴史教育を完全に否定するラディカルな側面が存在した。その後，シピオーネ・グアラッチーノ（Scipione Guarracino）によってマットッチィたちの提起と従来の歴史教育との相違について理論的な整理がなされ，彼らの提起がもつ問題点と歴史教育の論点が示された。この時代の歴史教育研究は，従来の歴史教育を主に歴史学の発展に即して問い直すという方向性を共有している。ただし，イタリアの歴史学の成果はあまり参照されず，むしろフランスのアナール学派の歴史学の成果に学んでいる点に特徴がある。この時期は，歴史教育研究の成立期と位置づけることができる。

　二つ目は，1985年から中道左派政権の教育改革案が凍結された2001年までの時期である。この時期には，「探究」を行う歴史教育という方向性において歴史教育研究と学習プログラムの一致が見られた。そのことにより，マットッチィやアントニオ・ブルーサ（Antonio Brusa）らによって1985年学習プログラムに示された歴史教育を実現・発展させる研究が行われた。1987年には歴史教育のみを扱う専門雑誌『ヘロドトスの旅』（*I viaggi di Erodoto*）が創刊され，歴史教育研究の成果が広く流布していった。1987年の創刊から1998年の休刊まで，『ヘロドトスの旅』にはマットッチィやブルーサ，グアラッチーノらによって重要な論文が多数掲載された。また，歴史学だけではなく，教育心理学が歴史教育研究において参照されるようになったのもこの時期である。

　それと同時に，マットッチィやブルーサを中心としたLandis等の民間教育研究団体によって歴史教育のカリキュラム研究が行われ，それを学習プログラムにどのように反映させるのかが議論された。新しいカリキュラムを作成する運動は1996年頃から本格化し，公私を問わず様々な試案や論文が世に出された。しかし，2001年の教育改革案の凍結により，歴史教育研究と公教育は一度袂を分かつことになる。この時期は，歴史教育研究の発展期と位置づけることができる。

　三つ目は，2001年から現在までの時期である。2001年以降，学習プログラムに関わる議論を見直すとともに，イタリア社会のグローバル化に対応しよう

とする歴史教育研究が行われた。イタリア社会のグローバル化はEUの成立とそれに伴う移民の増加によって進展してきた。移民の増加によって公立学校における移民の子弟の数が増加し，彼らに対する教育はイタリアの公教育における重要な課題になっている。歴史教育にもこれまで想定してきた子ども像を見直し，新たな歴史教育を構築することが求められている。それに加えて，イタリアは学力のグローバル化という事態にも直面している。OECDが行っているPISA調査の影響を受け，PISA調査と類似した全国学力調査が悉皆調査で行われるようになった。調査はイタリア語と数学に限定して行われているため，教育雑誌『教育』（*Insegnare*）などにおいても，両教科の記事が目立つようになってきている。さらに金融危機により教育予算の削減が行われている今，新自由主義的な発想のもとに各学校の全国学力調査の成績が重視されるならば，歴史教育は教育課程において周縁的な位置に埋没してしまう危険性にもさらされている。この時期は，歴史教育研究の再考期と位置づけることができる。

　以上がイタリアにおける歴史教育研究の概要である。本稿では，この三つの時期区分を意識しながら論を進めていく。

2　先行研究の検討と分析視角の設定

　日本におけるイタリアの教育に関する研究で，本研究への示唆を与えるものとして以下の二つを挙げておく。一つは，前之園幸一郎によるイタリアの学習プログラムの変遷に関する研究である[3]。前之園の研究によって，1985年学習プログラムを契機としてイタリアの教育が大きく転換したことが明らかになっている。もう一つは，佐藤一子によるイタリアの生涯学習に関する研究[4]である。佐藤の研究によって，「熱い秋」と呼ばれる学生運動・労働闘争の際に，労働者が能動的に学習を進めていく学習論が登場したことが明らかになっている。学習プログラムと生涯学習の転機は歴史教育研究の転機とも重なっており，また歴史教育理論への影響を見て取ることもできる。

　次にイタリアの先行研究を検討し，そこから本書の分析視角を設定していきたい。イタリアにおける歴史教育研究を概括的にまとめた主な研究としては，

トビア・コルナッキオーリ（Tobia Cornacchioli）の2002年の著作『歴史の教育方法の変遷―歴史的な知から教育される歴史へ：教授行為』(*Lineamenti di didattica della storia. Dal sapere storico alla storia insegnata : la mediazione didattica*)[5]，ワルテル・パンチエーラ（Walter Panciera）とアンドレア・ザンニーニ（Andrea Zannini）の2006年の著作『歴史の教育方法―教員養成のための教科書』(*Didattida della storia. Manuale per la formazione degli insegnanti*)[6]を挙げることができる。これらの研究は，歴史学の動向を踏まえつつ，学習プログラムと歴史教育研究について検討したものである。

両者に共通する見解は，歴史学の変化に刺激を受けて「探究」を行う歴史教育が構想されたこと，歴史教育研究の焦点は「垂直カリキュラム」（curricolo verticale）と呼ばれるカリキュラム研究および「ラボラトーリオ」を鍵概念とした授業研究にあったことの二点である。この変化がいつ頃に起こったのかというと，この見解も共通しており，1978年頃ということになっている。前述したように，1978年はマットッチィとランベルティの論文が発表された年である。

一方で，これらの研究で十分に明らかにされていない点として，以下の三点を挙げることができる。一点目は，教育目標や教材・教具といった授業を構成する要素を使った分析が不十分であるという点である。二点目は，各研究者の歴史教育理論を個別に検討した研究がないという点である。それゆえに，研究者間の理論的対立も明らかになっていない。特に，歴史教育研究をリードしてきたマットッチィとブルーサの歴史教育理論を検討する必要がある。三点目は，マットッチィやブルーサ，グアラッチーノ，「ラボラトーリオ」研究をリードしたアウロラ・デルモナコ（Aurora Delmonaco）といった多くの歴史教育研究者によって著された2006年の編著『歴史の教育―歴史的ラボラトーリオの教育に関する指導書』(*Insegnare storia. Guida alla didattica del laboratorio storico*)[5]の検討がなされていないことである。

そこで本稿では，歴史教育研究の流れと先行研究を踏まえて以下の七つの分析視角を設定する。合わせて，イタリアの歴史教育研究における論点を示しておきたい。

一つ目は，歴史教育と歴史学の関係である。前述したように，歴史教育研究は歴史学の知見を取り入れることで発展してきた。よって，歴史教育理論のどこにどのような形でその知見が取り入れられたのかを明らかにしなければならない。特にイタリアの歴史教育研究はアナール学派の歴史学にたびたび言及し，その考え方を歴史教育理論に取り入れている。よって，どのような立場の歴史学を想定しているのかも大きな論点になる。

　二つ目は，歴史教育の教育目的である。イタリアの歴史教育研究においては，教育目的に関して二つの捉え方がある。一つ目は学校教育の目的を踏まえたうえで歴史教育の教育目的を捉えるものであり，二つ目は親学問である歴史学を踏まえたうえで教科固有の教育目的を捉えるものである。前述した三つの時期のうち，成立期と再考期では一つ目の捉え方が，発展期において二つ目の捉え方が主に検討の対象となった。

　三つ目は，歴史教育の教育目標である。公教育が始まった頃の歴史教育においては，教科書の暗記が求められ，学習内容がそのまま教育目標となってきた。その後，学力モデルに即する能力概念も教育目標として設定されるようになった。さらに時代が進むと，歴史をどのように理解するのかも教育目標として設定されるようになってきた。特に教育目標を内容の系統性に即する領域概念として捉えるのか，学力モデルに即する能力概念として捉えるのかが大きな対立点となる[6]。また，能力概念として教育目標を捉える際に，それをどう呼称するのかという問題もある。主に使われるのは能力（abilità），能力（capacità），コンピテンス（competenze）という単語である。これらにどのような意味があるのかについて注意しながら検討を加えていきたい。

　四つ目は，学習の対象となる歴史である。それは学習内容とも言い換えられる。成立期の研究において学習内容は，能力概念としての教育目標を達成するための手段として位置づけられていた。その後，より教育目標を達成するのにふさわしい学習内容は何なのかが追求され，それに合わせてその理解の仕方も問われるようになった。また，イタリアの社会情勢からも学習内容は影響を受けている。

　五つ目は，生徒の学習である。マットッチィの研究がそれまでのものと大き

く異なったのは，生徒の学習に焦点を当て，教師がそれをどのように支援していくのかを述べた歴史教育理論であったからである。特に，「探究」や「ラボラトーリオ」という言葉で表されるのはどのような学習であるのかを明らかにする必要がある。

六つ目は，教材・教具である。その中でも特に議論になったのが教科書（manuale）である。教科書を「伝統的」（tradizionale）と呼ばれて批判されてきた歴史教育のシンボルとみなす研究者もいれば，学習にとって有意義な教材・教具とみなす研究者もいる。

そして七つ目は，それぞれの論者・人物の立ち位置である。

以上の分析視角を踏まえ，本稿では各研究者間の理論の相違を明らかにしつつ，上述した三つ目の時期を視野に入れながら歴史教育理論の特徴を考察していく。

3　研究方法と章構成

上述した分析視角をもとにイタリアにおける歴史教育理論の特徴を明らかにするために，本研究では学習プログラム等の公文書や公教育省の委員会等による報告論文，イタリアの歴史教育について論じている歴史学雑誌『現代イタリア』，歴史教育雑誌『ヘロドトスの旅』，教育雑誌『教育』，そして歴史教育の理論書，論文の文献研究を行った。

以上の研究から得られた成果を本書では6章に分けて記述していく。前述した歴史教育研究の三つの時期との対応は**表序-2**のようになる。

第1章「学習プログラムに見る歴史教育の変遷―歴史学を取り入れた歴史教育への移行―」では，公教育の成立から現在までの学習プログラムを検討することで，そこに示されている歴史教育がどのように変化してきたのかを明らかにする。歴史教育研究はその当時行われていた歴史教育を批判することで誕生した。批判の対象となった歴史教育とはどのようなものだったのかを捉えることもできよう。

第2章「歴史教育研究の成立―『探究』する歴史教育の提起とその後の発

表序-2　各章で取り扱う時期

歴史教育研究の時期 / 本書	成立期 1978年：「探究」の提起〜85年：初等教育学習プログラム改訂	発展期 1985年〜2001年：教育改革凍結	再考期 2001年〜現在（2012年）
第1章 （公教育の成立時〜現在）	←―――――――――――――	―――――――――――――	―――――――――――→
第2章 （1978年〜1996年頃）	■■■■■■■■■■■■■	■■■■■■	
第3章 （1985年〜1996年頃）		■■■■■■	
第4章 （1985年〜1996年頃）		■■■■■■	
第5章 （1996年頃〜2004年）		■■■■	■■■
第6章 （2004年〜現在）			■■■■

展―」では，歴史教育研究成立の契機と捉えられるマットッチィとランベルティの理論およびその他の研究者たちの研究を検討し，そこにはどのような独自性があり，その後どのような発展を遂げたのかを明らかにする。その際には，「探究」，「垂直カリキュラム」，「ラボラトーリオ」という三つの概念に着目する。

　第3章「イーボ・マットッチィの歴史教育理論―『歴史の教養』を身につける歴史教育―」では，マットッチィの歴史教育研究を初等教育と後期中等教育のカリキュラム論を中心に検討し，その理論的特徴を明らかにする。その際に，マットッチィが一貫して使い続ける「歴史の教養」（cultura storica）という概念に着目する。

　第4章「アントニオ・ブルーサの歴史教育理論―教科書論から構築される歴史教育―」では，ブルーサの歴史教育理論の特徴について，教科書論，教育目標論，授業論の三点から明らかにする。加えて，マットッチィの歴史教育理論とブルーサの歴史教育理論の異同について考察を行う。

第5章「歴史カリキュラム論争における論点―歴史教育における能力観の転換―」では，1996年頃から始まったカリキュラム研究とそれに伴う歴史カリキュラム論争を検討し，外部からの批判にさらされた歴史教育研究が新たにどのような進展を見せたのかを明らかにする。1996年以降のマットッチィとブルーサの研究は，歴史カリキュラム論争に大きく関係するので，この第5章で扱う。

　第6章「歴史教育研究の現在―『歴史教育研究者』による歴史教育理論―」では，2006年に出版された研究書『歴史の教育―歴史的ラボラトーリオの教育に関する指導書』を検討し，歴史教育研究の現在の到達点と現在抱えている課題を明らかにする。合わせてブルーサが編集に携わっている歴史教科書を検討し，歴史教育研究の成果がどのように反映されているのかを明らかにする。

　終章では，各章のまとめとともに，本研究の成果を述べる。合わせて，今後の課題として残された点を述べる。

　本論に入る前に，本書における用語の統一について述べておく。storiaは教科を指す場合は歴史科，それ以外は歴史と訳す。ricercaという単語は，行為を示す場合はカギ括弧をつけて「探究」，成果を示す場合は研究と訳す。conoscenzaは個別的な情報を示すので知識，sapereは知識の総体を示すので知と訳し分ける。歴史教育の教育目的と教育目標を論じる際に，両者の違いが重要になる。最後にlaboratorioという単語は様々な研究者が様々な意味を込めて使っているので，そのままカギ括弧をつけて「ラボラトーリオ」と訳す。

1） Ivo Mattozzi, *Contro il manuale, per la storia come ricerca. L'insegnamento della storia nella scuola secondaria*, in "Italia contemporanea", n.131, 1978, pp.63-79.
2） 2008年からは教育・大学・研究省（Ministero dell'Istruzione, dell'Università e della Ricerca）となっている。本研究では，最も長く使われた呼称である公教育省で統一する。
3） 前之園幸一郎「イタリアの教育改革と教育課程」『世界の教育課程改革』民主教育研究所，1996年，pp.73-99。
4） 佐藤一子『イタリア学習社会の歴史像―社会連帯にねざす生涯学習の協働』東京大学出版会，2010年。
5） Tobia Cornacchioli, *Lineamenti di didattica della storia. Dal sapere storico alla storia insegnata : la mediazione didattica*, Pellegrini Editore, Cosenza 2002.

6) Walter Panciera, Andrea Zannini, *Didattida della storia. Manuale per la formazione degli insegnanti*, Felice Le Monnier, Firenze 2006.
7) Paolo Bernardi (a cura di), *Insegnare storia. Guida alla didattica del laboratorio storico*, UTET Università, Torino 2006.
8) 田中耕治『指導要録の改訂と学力問題』三学出版，2002年，p.39。

第1章 学習プログラムに見る歴史教育の変遷
■歴史学を取り入れた歴史教育への移行

　学習プログラムとは公教育省が作成した教育課程の内容を定めた政府文書で、日本の学習指導要領に近い性格をもつ。学習プログラムの記述の変化のなかでイタリアの先行研究においてたびたび言及されるのが、序章で述べた初等教育の1985年学習プログラムにおける変化である。本章では、社会情勢と学習プログラムの記述、そしてそれに対する先行研究者の評価を検討することで、学習プログラムにおける歴史教育はどのように変化したのかを明らかにする。なお歴史教育に関する先行研究だけではなく、前之園幸一郎を始めとした学習プログラムそれ自体に関する先行研究も参照する。

　初等教育の学習プログラムは、1860年に最初のものが公布され、以後1867年、1888年、1894年、1905年、1923年、1934年、1945年、1955年、1985年、2004年、2007年、2012年と改訂が行われてきた。これらの学習プログラムに加えて、すべての国民が受ける歴史教育で何が求められていたのかを明らかにするために、1963年以降の前期中等教育の学習プログラムも合わせて検討していく。1963年以降としているのは、1962年に進学系と職業系に分かれていた前期中等教育が統一され、義務教育とされたからである。

1　周縁に位置づけられた歴史科

(1) 第二次世界大戦以前の歴史科

　近代イタリアにおいて最初に公教育について規定した法律は、1859年に出されたカザーティ（Casati）法である。1859年といえば第二次イタリア統一戦争（1859〜61年）の最中であり、この法律は厳密にいえばイタリア政府が発布したものではなく、後のイタリア政府の中心となるピエモンテ政府がイタリア統一を見越して発布したものである。この法律では、義務教育期間は6歳から

の初等教育2年間とされ，無償で行われるものとして規定されていた。

最も古い学習プログラムである1860年学習プログラムは，このカザーティ法の施行規則として発布されたものであり，学習内容と教育方法が学年別に記されている。学習プログラムの文面を見てみると，第1学年の教科として宗教 (Religione)，イタリア語 (Lingua italiana) と計算 (Artimetica) の3教科，第2学年の教科として前述の3教科と読解 (Lettura) の4教科が設定されている。つまり，歴史を教える教科は独立した科目としては設定されていない。ただし宗教の文面において，「教会の歴史」(storia sarca) という言葉を見ることができる。小学校最終学年の第4学年になると世界 (Regno) という教科が設定され，日本の社会科と理科の学習内容を合わせた内容が提示されている。歴史に関係するのは，「国の歴史な中で特に重要な事実」という一文のみである。

1861年のイタリア王国成立後に発布された1867年学習プログラムでは，教科はイタリア語と計算の2教科のみになり，歴史の学習は想定されていない。このことから，イタリア王国の建国初期においては，歴史を学習することは万人には求められておらず，読み書き計算が重視されていたといえる。

では歴史教育を行う教科はなぜ独立した教科として設定されていなかったのであろうか。それは，イタリア王国建国初期における公教育の主要な目的が，方言が強いイタリアの言語的統一と高い非識字率の克服にあったからである。非識字率は，1860年で約80％[1]であり，当時の西ヨーロッパ諸国の中でも特に高い数値である。またカザーティ法によって規定された義務教育期間は6歳からの初等教育2年間と短かったこともあり，歴史を教えるための科目を設置する時間的な余裕は存在しなかったのである。したがって，歴史を教える教科が公教育の中に現れてくるのは，公教育制度が整って初等教育の就学率が上昇し，義務教育期間が延長された1888年学習プログラムからということになる。

カザーティ法によって2年間とされた義務教育期間は，1877年のコッピーノ (Coppino) 法によって3年間に延長される。歴史を教える教科が独立した教科として設定されるのは，このコッピーノ法が発布後に改訂された1888年学習プログラムからである。この学習プログラムで設定された教科は，イタリア語，筆記と習字 (Scrittura e Calligrafia)，地理科 (Geografia)，歴史科 (Storia)，

物理と自然科学（Fisica e Scienze naturali），計算と幾何（Artimetica e Geometria），人間と市民の義務に関する基礎知識（Nozioni dei doveri dell'uomo e del cittadino）の7教科である。

　前之園によれば，この学習プログラムの最大の特徴は民族的な意識にもとづく統一的国民の形成が教育の基本に据えられている点である[2]。学習プログラムの文面からも「義務の意識」(il sentimento del dovere) や，「良き市民としての犠牲的精神」(il devozione al bene pubblico)，「愛国心」(l'amore di patria) といった，イタリア国家の「価値」(valore) を子どもに感じさせることが，公教育の教育目標として記載されている。この学習プログラムが成立した1880年代は，ヨーロッパ諸国が植民地獲得競争を行っていた時期に重なる。イタリアは1885年にアフリカに出兵し，植民地政策を開始している。

　1888年学習プログラムの歴史科において注目すべきことは，義務教育の最終学年である第3学年から歴史科における学習が開始されることである。そして，「イタリア王国の成立に関する主要な事実の叙述」という文が示すように，イタリア王国の成立に関する歴史が学習される。ただし第2学年において，ユダヤ人・ギリシャ人・ローマ人の歴史についてしゃべり，生徒の興味を掻き立てるよう，指示がなされている。いわゆる一般的な通史が学習されるのは，義務教育段階終了後の第4学年以降になる。

　続く1894年学習プログラムでは，イタリア史・地理科・市民の権利と義務（Storia d'Italia, Geografia, Diritti e Doveri del cittadino）となり，いくつかの教科が統合された教科になった。しかし，義務教育最終学年でイタリア王国の成立を学習する点は変わっていない。そして，これらの教科は国家的価値や愛国心を教える教科であることが明記されている。1905年学習プログラムでは再び歴史科が単独で設定されたものの，イタリア王国の成立に関する歴史から始まる点は変わらなかった。

　ここまでの経過をまとめると，第3学年から学習が開始され，イタリア王国成立に関する歴史が国民共通の学習内容として想定されている点が共通している。また教師が生徒について語る以外の教育方法は示されていない。

　この方針に変化が現れるのは，1923年学習プログラムからである。それま

での学習プログラムの一方的な知識の伝達を批判した1923年学習プログラムは子どもの自己教育の援助を基本原理とし，知識の学習ではなく，発見の学習が重要視されている[3]。

　この学習プログラムでは「愛国心」といった価値を表す言葉は，達成すべき教育目標として示されていない。それだけではなく，子どもの活動による学習が初めて記述されている点に大きな特徴がある。たとえばローマ帝国について学習する際にはローマ時代の遺跡を子どもが見学することが一例として示されている。一方で，学習内容については，それまでの学習プログラムから大きく変化はしていない。まずイタリア統一史が第3学年で教えられる。次の年には，ギリシャおよびローマ時代が教えられる。そして最終学年では，文化史や要約したイタリア史などが教えられる。

　文面を見ると，1923年学習プログラムの歴史科は子どもが歴史的な知識を身につけるだけではなく，その証拠を子どもが発見するという新しい学習を提唱した歴史科として積極的に評価することができる。

　しかし，イタリアの先行研究においては，1923年学習プログラムは否定的な評価を受けている。1922年にはベニート・ムッソリーニ（Benito Mussolini）が政権を奪取しており，1923年学習プログラムはファシズム時代の学習プログラムであることも関係しているのであろう。それ以上に，大臣としてこの学習プログラムを作成に携わり，また哲学者として思想的な基盤を提供したジョバンニ・ジェンティーレ（Giovanni Gentile）に対する否定的な評価が見られる。トビア・コルナッキオーリはジェンティーレの思想にもとづく教育方法のモデルを「観念主義のモデル」（il modello attualistico）と呼び，受け身，反復，講義，教科書の使用といった要素をもつことをこのモデルの特徴とした[4]。つまり学習プログラムの文面から読み取れるような変化はイタリアの学校に大きな変化をもたらさなかったと評価していることになる。

　また日本の研究においても指摘されているように，精神を強調するジェンティーレの思想は「すべての教育の問題は事実の次元から観念の次元に移されるため，どんな複雑なものであっても苦もなく解決されることになる[5]」という構造的な欠陥ももっていた。このような考え方のもとでは，事実から積み上げ

ていくような教育研究は成立しえないであろう。

　同じくファシズム政権下で作成された1934年学習プログラムでは，イタリア統一史，ギリシャ・ローマ史，中世イタリア史に加えてファシズムの歴史を加えた学習内容が規定されている。イタリアの歴史のあるべき必然として，ファシズムを位置づけようとする意図は明白である。したがって，この1934年学習プログラムの歴史科は，国家的価値を重視する歴史科の典型として捉えることができる。

　第二次世界大戦以前の学習プログラム全体の性格の変遷は，以下のようにまとめることができよう。まず公教育の誕生時においては，イタリア語の読み書きと計算が重視されていた。1888年学習プログラムからは，国家的価値を伝えることが学習プログラム全体の目的とされた。1923年学習プログラムでは子どもの学習が重視されるようになるものの，ファシズムの時代には，1934年学習プログラムに見られるように，再び国家の価値を伝えることが重視されている。

　このことから，イタリアにおいて歴史科は公教育の目的が読み書き計算の習得から国家的価値を伝えることに重点が変遷する過程で誕生したことがわかる。それは，以下のような特徴をもっている。歴史科の教育目的ははっきりと示されていないことが多い。示されている場合においても，価値を教育することが教育目的とされ，「愛国心」といった国家の価値が強調されている。学習は教師が語る歴史を聞くことが中心であり，1923年学習プログラムではそれに加えて観察をさせることが子どもの学習として示されている。

　この時代において，各学習プログラムで大きく変わらなかったのは学習内容である。1888年学習プログラムから1934年学習プログラムまでのすべての学習プログラムで，イタリア統一史が学習内容となっている。時系列を無視して最初の学年からイタリア統一史が始まることからも，イタリア統一史が重要視されていたことがわかる。つまり第二次世界大戦以前の歴史科はイタリア統一史を教える教科であったと総括できる。

(2)第二次世界大戦後の歴史科

　1934年の学習プログラムによって公教育のファシズム化が進むなか，イタリアは1940年に第二次世界大戦に参戦し，アフリカやアルバニアなどに出兵した。しかし1943年に連合国軍がシチーリァに上陸し，ムッソリーニは失脚する。第二次世界大戦後最初の学習プログラムは，この時上陸した連合国軍の主導によって作成されていく。

　1945年学習プログラムの起草委員会が設置されたのは，まだ終戦を迎えていない1944年である。この時ローマと南イタリアはドイツの占領から解放されていたものの，北部イタリアではドイツの占領に対するレジスタンス運動が行われ，サロ市に逃れたムッソリーニも健在であった。1943年のムッソリーニの失脚後，ファシズム政権が作成した1934年学習プログラムは即時撤廃された。そのため，連合国軍の統治下では1945年学習プログラムの公布まで現場の教師の裁量に任せるという空白の期間が生じている。

　1945年学習プログラムの起草委員会には，個別活動と集団的・創造的活動の両立を特徴とするウィネトカ・プラン（Winnetka Plan）を構想した教育学者であるカールトン・ウォッシュバーン（Careton Washburne）を始めとしたアメリカ人研究者が参加しており，この学習プログラムはアメリカの教育の影響を受けている。

　1945年学習プログラムの大きな特徴はそれまでにない教科カテゴリーである労作（Lavoro）の創設である。この教科の意義については，学習プログラムの労作の項の序文で，「労働は道徳的生活ならびに経済繁栄の源泉であり，学習内容においてもそれに相応しい重要な地位を占めなければならない。我が国の経済の主要な資源と国家再建のためのもっとも有効な手段が労働にあることを新しい世代が認識することが必要である。労働によってのみ国民の間に堅固で平和な協力関係が確立されるであろう」と説明されている。これは1948年に交付される，イタリア共和国憲法第1条第1項の「イタリアは勤労に基礎を置く民主的共和国である」という条文を先取りしたものと評価される[6]。こうした労働意識を基礎に置いた民主的な「良き市民」（buon cittadini）の形成がこの学習プログラム全体の教育目的となっているのである。

この「良き市民」の形成という教育目的は，新たな価値を公教育の中に根づかせることで公教育の脱ファシズム化を狙ったものであり，各教科の教育目標もその影響を受けている。歴史科と地理科の序文には，「歴史と地理の教育は，人間社会によって引き起こされた悲劇の経験の後に行われる道徳教育になるべきである」と記されている。つまり，1945年学習プログラムにおける歴史科には，ファシズムの時代を否定されるべきものとして反省的にふり返る役割が期待されていた。そして，歴史を学習することは目的ではなく手段として位置づけられている。

　1945年学習プログラムにおいて歴史科の学習期間は3年間から5年間に伸び，それまでの歴史科と違った特徴を備えるようになった。まず挙げられるのは，地理科との連携である。歴史科は第1学年から地理科と一緒に始まるものとして設定されている。そのねらいに関しては，学習プログラムの地理・歴史科の序文にある「教師は歴史的事実と地理的事実の緊密な関係を常に検討し，子どもに人間界と自然界との関係性について説明する必要がある」という一文に端的に現れている。

　次に挙げられるのが，子どもにとって身近なものに関する学習である。第1・第2学年では，歴史的な事実や地理的な知識を学習するのではなく，身近なものへの観察をすることになっている。歴史分野では衣食住の過去と現在を対比することや祖父世代の体験談の聞き取りなどが示され，地理分野では時計やカレンダー，天気，季節といったものの観察などが示されている。また教室の中だけでなく，外に出て観察することや学習目的をもった遠足を行うことも合わせて推奨されている。

　このように子どもにとって身近なものの学習をしたうえで，第3学年から第5学年ではイタリア中心ではあるものの人間社会の歴史が学ばれる。第3学年ではギリシャ・ローマ時代が，第4学年ではキリスト教の誕生から中世が，第5学年ではルネッサンス以降から現代までが扱われ，イタリア統一史も学習内容として示されている。

　さらにそれまでの学習プログラムでは政治史や事件史が中心に扱われてきたのに対して，この学習プログラムではそれらとともに社会や経済の状態につい

ても言及するように指示がなされている。これらのことから，それまでの歴史科とは違った特徴を備えていると評価できよう。

　以上のことから，1945年学習プログラムの歴史科は，次のように特徴づけることができる。学習プログラム全体の教育目的は民主主義という新しい価値を教えることであり，歴史科にもその教育目的に沿って民主主義の歴史を学び，ファシズムの時代を反省的にふり返る役割が求められている。学習形態は1923年学習プログラムに見られた子ども自身の活動を基盤に据えたものになっている。学習内容は，それまでの学習プログラムと違い，子どもの身近な歴史がつけ足された。つまり1945年学習プログラムの歴史科では，子ども自身が活動することが重視されている点において，それまでの学習プログラムと異なる特徴をもつといえる。

　この1945年学習プログラムは短命で，1955年に新たな学習プログラムが公布された。1945年学習プログラムの目的は民主主義という新しい概念を持ち込むことで公教育の脱ファシズム化を図ることであった。この1945年学習プログラムを否定する形で生まれた1955年学習プログラムは，戦後イタリア人がイタリア人のために作成した最初の学習プログラムであるといえる。前之園はこの学習プログラムの基本理念を，「キリスト教とヒューマニズム的伝統から歴史的に確立された人間の価値を第一義とする人格主義の思想」[7]であると述べている。前之園の分析が示すとおり，カソリックの教義教育が行われる宗教（Religione）が初等教育の筆頭教科として位置づけられ，次いで道徳教育（Educazione morale）と市民教育（Educazione civica）が重視されている。

　こうした基本理念の背後には，当時の政権党であったキリスト教民主党（Democrazia Cristiana）およびその支持母体であったカソリック教会の意向と，冷戦構造が進むなかで保守化・右傾化していくイタリアの社会情勢があると考えられる。なお1945年学習プログラムで登場した新しい教科カテゴリーである労作は，1955年学習プログラムでは廃止されている。戦後の急激な民主主義社会への転換が学校にも反動として現れてくる過程は，日本のそれと非常に酷似している。

　この1955年学習プログラムの大きな特徴は，子どもの発達という概念を取

り入れたことである。初等教育5年間のうち，第1学年と第2学年を第1サイクル，第3学年から第5学年の3年間を第2サイクルと呼称し，第1サイクルでは各教科別の授業ではなく，教科横断的な学習を行うように指示がなされている。これに対して第2サイクルでは教科別の学習が行われるのである。

ここにおいて歴史科は地理科に加えて理科（Scienze）と連携して学習されることになり，第2サイクルの1年目すなわち第3学年から授業が行われるようになった。歴史科が理科とともに扱われたのは，この学習プログラムだけである。これら3教科は，「歴史的・科学的・地理的な様々な機会において，生徒により広範で正確な知識を提供することである」と定義されている。この他教科と関連づけた知識の習得が1955年学習プログラムにおける歴史科の大きな特徴である。

学習内容と学習形態に目を向けると，第3学年では歴史的・地理的・科学的といった教科の枠組みにとらわれず，子どもに生活領域について学習させることが求められている。続いて第4学年からは，生活領域の歴史的・地理的・科学的な視野から学習がなされ，それに続いて人類の歴史が学習される。教育方法については，歴史的な事実を年代順に追っていくのではなく，人類の歴史にとって重要な瞬間を取り出し，それを現在と結びつけて教えるという方法が示されている。重要な瞬間の例としては「ローマ帝国・キリスト教思想の成功，中世とルネッサンス時代の服装と生活，近代における発明や発見」などが挙げられ，第5学年ではイタリアの統一史を強調するように指示がなされている。

このように1955年学習プログラムでは，子どもにとって身近な歴史と人間社会の歴史に関する知識を身につけることが目指されている。

1945年学習プログラムと1955年学習プログラムにおける歴史科の特徴は，子どもの発達に着目したという点に集約される。戦前の学習プログラムでは最初から人間社会の歴史が学習されていた。それに対して，戦後の学習プログラムでは最初に子どもにとって身近な歴史が学ばれ，その後に人間社会の歴史が学習される。また教師による講義だけではなく，子どもの活動も取り入れて行われるようになった。このことから戦後の歴史科においては，想定される子どもの姿が教師の語りを聞くだけの存在から学習する存在へ転換しているといえ

る。しかしながら，戦前・戦後を通じて共通しているのは，イタリア統一史が学習内容として重視されていることである。このことから，戦後も歴史科はイタリア統一史を教える教科として位置づけられていたことがわかる。

コルナッキオーリは歴史教育研究の発展の契機をこの時代の二つの出来事に見出している。一つ目は，1948年に共和国憲法が制定されたことである。教育の自由について定めた第33条や万人のための学校とその保障について定めた第34条に言及しながら，「学校は市民形成と統合のための教育的な場所であり，選抜と除外の場所ではなくなった」[8]と学校の目的が転換したことを強調している。二つ目は，ジョン・デューイ（John Dewey）の思想がイタリアに入ってきたことである。コルナッキオーリはデューイの思想にもとづく教育方法のモデルを「活動主義のモデル」（il modello attivistico）[9]と呼び，生徒の活動を教育の中心に据えたこと，「実験室」（laboratorio）という空間を想定したことをその特徴として挙げている。コルナッキオーリが指摘したこれらの契機は歴史教育にはすぐに大きな影響を及ぼさず，1970年代後半頃から研究として具体化されていくことになる。

2 歴史学に意味づけられた歴史科

(1) 1985年学習プログラム全体の特徴

1955年学習プログラムの30年後に改訂された1985年学習プログラムは，それまでの学習プログラムと異なった特徴をもっている。歴史科もまたそれまでの歴史科と異なった特徴をもつようになった。まずは学習プログラム全体の特徴を見ていきたい。

1955年からの30年間，イタリアの公教育に変化がなかったわけではない。小学校の学習プログラムは改訂されなかったものの，1960年代から1980年代にかけて，各学校段階で様々な改革が行われた。こうした改革が行われた背景には，1960年代に始まるイタリア社会の大きな変化がある。

まず1959年から1962年にかけて，朝鮮戦争などの特需によってイタリア経済は，「奇跡」と呼ばれるほどの発展を成し遂げる。それによって重工業の労

働者として発展が遅れていた農村部の人口が大量にミラノやトリノといった都市部に流入していった。都市部の人口構成が変わったことにより，旧都市市民と新都市市民の対立，住宅問題，教育問題といった様々な社会問題が発生するようになった。[10]

　こうした社会問題の解決に積極的に取り組んだのが，イタリア社会党（Partito Socialista Italiano）やイタリア共産党（Partito Comunista Italiano）であった。彼等の活動が都市市民に支持されたために，イタリア社会全体は戦後の反動による右傾化から一転して左傾化し，社会運動や学生運動が盛んになる。[11]この当時政権党であったキリスト教民主党は，単独で政権を維持することが出来なくなっていたために，議席数を伸ばしたイタリア社会党やイタリア共産党が政策に影響を及ぼすようになった。

　都市部への人口移動は当然ながら都市部の学校にも影響を及ぼした。まず新たな都市市民となった人々は，その子どもをより良い職に就けさせるために，前期中等教育の改革を要求し始めたのである。それまでの前期中等教育は後期中等教育への進学校と後期中等教育への進学不可の職業訓練校に分かれており，一種の社会選抜装置としての役割を担っていた。ちなみに，1950年代において，進学校に進む子どもと職業学校に進む子どもの数はほぼ同じである。[12]しかし，前述した社会党，共産党，そしてイタリア労働総同盟（Confederazione Generale Italiana del Lavoro）などの運動によって，1962年に前期中等教育は単線化され，無償の義務教育と規定された。この単線化に伴い，1963年に前期中等教育の学習プログラムが改訂された。

　都市部への人口の流入とそれに伴う社会的条件の変化は，初等教育にも変化を及ぼした。つまり1955年学習プログラムで規定された内容が現実にそぐわなくなってきたのである。学習プログラムとのずれを補足修正するために学習内容を編成することが教師の日常的な仕事として行われるようになった。[13]このような教師の活動は，教師による教育の計画化（Programmazione）として1977年8月4日公布の第517号法によって法制化され，その理念は1985年の学習プログラムにも盛り込まれることになった。

　第517号法は，評価のあり方についても言及している。従来行われていた1

回だけのテストによる評価ではなく，学習の過程や日常生活も加味した評価への転換が図られた。しかもこの評価は，1人の教師によって行われるのではなく，必ず複数の教師によって行われることが求められている。また初等教育からのドロップアウトや留年の原因となっていた第2学年から第3学年への進級試験が，この時に廃止されている。

　1970年代に行われた小学校改革はこれだけではない。地域に開かれた学校と子どものより良い学習環境を用意するという理念にもとづいた改革が多数行われた。まず授業時間を午後まで延長することを各学校が決定できるテンポ・ピエノ方式（Tempo Pieno）が導入された。これは都市部の共働き家庭に考慮したもので，保護者は午後からは学校がない半日制と午後からも授業がある全日制の二つから好きな方に子どもを通学させることができる。これらのクラスは別々に運営されており，クラスの配分等は保護者集団と学校の話し合いによって進められる。このような学校の運営に関する議論を行う場として，学校評議会が設置された。学級運営の方に目を向けると，学級定員の小規模化が大きな改革として挙げられる。学級定員の上限は25名になり，合わせて障害児の統合教育（Integrazione）が実施された。この場合の学級定員は20名になる。

　1985年学習プログラムはこうした教育改革の理念を汲み取って作成されたものである。行政レベルで改訂の作業が始まったのは1981年のことである。この年にプログラム改訂のための委員会が組織され，1983年に草案が提出された。前之園によれば，この学習プログラムがそれまでの学習プログラムと違うのは，施行規則だけではなく理想の学校について言及することで，既存の公教育体制に改革を促すという性格を備えていることである[14]。実際，1985年以降も教育改革が継続的に行われるようになっていく。このような子どもたちを取り巻く学習環境の充実がこの時期に試みられていた。

　それでは，一連の教育改革の中で成立した1985年学習プログラムはどのような特徴をもっているのだろうか。ここでは学習プログラムの文面を追いながら，その特徴を明らかにしていく。

　1985年学習プログラムは，初等教育について一般的に述べた序論と，具体的な教科について示したプログラムから構成されている。序論はさらに三部に

分かれ，第一部で学校の目的と原理について，第二部では子どものためにどのような学校がふさわしいかということについて，第三部では前述した教育の計画化について述べられている。

まずは序論に注目し，この学習プログラムの理念を明らかにしよう。1985年学習プログラムを分析した前之園は，第一部で述べられた「共和国憲法によって明記された諸原則にしたがう人間ならびに市民の形成」という小学校の基本的原則を踏まえたうえで，この学習プログラムにおけるキー概念として「文化的識字化」(alfabetizzazione culturale)，「民主的共生」(convivenza democratica)，「人格の自律性」(autonomia della persona) を挙げている。ここでいう「文化的識字化」は，生涯にわたる発展的な自己学習能力を意味し，学習者が自律性と他者への理解を持ち合わせたうえで，発展的な自己学習を行うことが求められているとしている。前之園は，これらのキー概念を踏まえたうえで，この学習プログラムの特徴を，「社会的・文化的・価値的な多元主義による人間ならびに市民の形成を目指している点にある」と総括している[15]。ここでは国家的価値ではなく，価値の多元主義への転換がはっきりとうかがえる。

次に，前之園が十分に検討していない教育の計画化について述べよう。教育の計画化は，前述したように1977年8月4日公布の第517号法によって法制化された概念であり，1985年学習プログラムを分析するうえで重要な概念である。この学習プログラムでは，学習内容よりは教育目標や内容選択の基準を明確に規定することで，教師に子どもの学習にとって適切な教材を選択することを求めている。

教育の計画化は次のような手順で進められる。まず学習プログラムから達成すべき目標を解明し，子どもに対する診断的な評価を行う。学習内容が明確であった1955年学習プログラムまでは，診断的な評価にもとづき，適切な教育方法を選択することが求められていた。1985年学習プログラムでは，適切な教材を選択することも求められている。またすべての子どもが目標を達成できるように，診断的評価と総括的評価だけではなく，形成的評価を日常的に行うことを求めている。教材に関しては教師が地域や子どもの学力に合わせて選択することになるので，これ以降は学習プログラムの目標を解明する研究が行わ

表1-1　1955年学習プログラムと1985年学習プログラムの教科編成

1955年の学習プログラム（記載順）	1985年の学習プログラム（記載順）
・宗教（Religione） ・道徳教育・市民教育・体育（Educazione morale e civile - Educazione fisica） ・歴史科・地理科・理科（Storia, Geografia, Scienze） ・計算・幾何（Aritmetica e Geometria） ・イタリア語（Lingua italiana） ・デザイン・習字（Desegno e Scrittura） ・唱歌（Canto）	・イタリア語（Lingua italiana） ・外国語（Lingua straniera） ・数学（Matematica） ・理科（Scienze） ・歴史科・地理科・社会科（Storia - Geografia - Studi sociali） ・宗教（Regligione） ・イメージに関する教育（Educazione all'imagine） ・音楽（Educazione al suono e alla musica） ・保健体育（Educazione motoria）

出所：両学習プログラムの記述をもとに筆者が作成。

れるようになる。歴史科の授業構築について言及したアントニオ・ブルーサは，1985年学習プログラム以降の歴史科のあり方について，それまでのように内容の習得に固執するのではなく，達成すべき教育目標を細かく分類することで，その教育目標を達成するための学習内容を選択するという発想の転換を説いている[16]。

　序論の後には，各教科の定義，「教育目標と学習内容」（obiettivi e contenuti），「教育方法の指針」（indicazioni didattiche）が記載されている。この学習プログラムで設定された教科と1955年学習プログラムで設定されていた教科を並べると，表1-1のようになる。

　両者を比べると，外国語（Lingua straniera）が新たな教科として加わり[17]，他の教科にも区分の変更や名称の変更が見られる。1955年学習プログラムで筆頭教科として位置づけられ，学習プログラムの基礎となっていた宗教は，カソリックの教義教育から宗教知識教育へと移行し，公教育の中での扱いが軽くなり，この授業を拒否することも認められるようになった。また道徳教育に類する教科が削減されたことも大きな特徴である。このような教科構成からも前之園の指摘する多元主義の表れを見て取ることができる。

（２）1985年学習プログラムにおける歴史科

　1955年学習プログラムでは歴史科は地理科，理科と合わせて扱われていたのに対して，この学習プログラムにおいては地理科と社会科（Studi sociali）と一緒に扱われている。社会科はこの学習プログラムにおいて名称が変更された教科で，1955年以前の学習プログラムでは市民教育（Educazione civica）という名称が使われ，道徳教育と一緒に扱われていた。

　学習プログラムではこれら3教科の定義がまず述べられている。それによれば，歴史科・地理科・社会科の対象領域は，人間と人間社会である。そして市民の次元，文化の次元，社会の次元，政治の次元，宗教の次元でこれを捉えるとされる。教科の目的は「子どもの日常領域における文化から，知的に再構成された文化への道筋をつけること」であり，この際に社会科学の方法や分析技術に関する知識を考慮に入れるよう指示がなされている。それに続いて歴史科，地理科，社会科の順に，各教科の定義，「教育目標と学習内容」，「教育方法の指針」が述べられている。以下，歴史科について見てみることにしよう。

　これまで見てきたように，1955年までの学習プログラムにおける歴史科では歴史的な事実を覚えることが求められてきた。たとえば1955年学習プログラムでは，「生徒に広範で正確な知識を提供する」ことを求めている。これに対して，1985年の学習プログラムでは知識を獲得するだけでなく，「現在から過去のイメージを再構成し，過去と現在の関連を特定する能力」を促進することが，歴史の教育に必要であると述べられている。このように歴史科の教育目標を知識ではなく能力として示したのは，1985年学習プログラムが初めてである。

　教育目標は，一般的な目標とその下に位置する固有の目標に分けられ，その目標を達成するための学習内容（もしくは内容選択の基準）と教育方法の指針が示されている。歴史科のプログラムは一続きの文章の形で示されている。文章を項目として分類したものに関しては，パスクアーレ・ロゼーティ（Pasquale Roseti）の編著に示された整理[18]が明快である。

【初等教育歴史科における学習プログラムの文面枠組み】
1．一般的な目標
1-1．各々が生活している現実に関する知識を把握することを通して，自身の文化的アイデンティティーを構築できる。
1-2．歴史的・社会的事象を理解するうえで重要な認識装置を構築できる。
2．固有の目標
2-1．自分を中心とし，尺度とする認識を克服する。
2-2．「歴史的時間」の知覚を発展させる。「歴史的時間」とは出来事を整理し記憶するものとしての年表であり，歴史的事象を区分し解釈するための時代区分である。それは異なった社会的・文化的文脈において，人間社会の問題に対する解答の客観性を知覚することでもある。
2-3．古いか新しいか，遠いか近いかを区別できるようになるための，空間的・時間的な座標を獲得する。
2-4．歴史学の操作は，文献における研究や知識，方法学的な厳密さにもとづいて行われなければならないことを自覚する。
2-5．歴史的な事実というものは，研究者の文化的興味から活性化させられた再構成物であることを自覚する。
3．学習内容
3-1．空間と時間における物事の初めの体系化のために，身の回りの観察を行う。(第1学年)
3-2．身近な現実における歴史の中で，重要な歩みを特定する。すなわち都市または田舎，職業，日常の道具や技術，社会・生産・文化・宗教の組織や形態などが考えられる。(第2学年)
3-3．日常生活の歴史解釈から出発し，人間社会，特に私たちの国の歴史に至る。(第3学年から)
3-4．本質的な時代区分の構造によって抽出された，市民社会の発達と変化の時期に着目する。
3-5．市民が主人公である市民・社会・政治・宗教上の出来事を，年表を用いて時系列で固定する。重要な歴史的瞬間の変わり目の年表を構成する。
3-6．イタリアの市民・文化・経済・社会・政治・宗教上の事実・出来事・人物を学習する。特にイタリアの統一と民主的自由の獲得に触れる。
4．教育方法の指針
4-1．自身の経験や文化の中に存在する問題から出発し，新旧や遠近の対比に至る。
4-2．基本的な点において，歴史学の知識の様式を教育的に利用する。それには問題の公式化，資料の発見，文献資料の分析，異なる意見の批判的な対比があげられる。
4-3．歴史学の雑誌や研究書といった適切な教材を使用しながら，記録や証拠にもとづ

いて歴史的事実を再構成する。
4-4. 歴史的再構成の方法学的問題について考察し，文献や資料について批判を加える。
4-5. 歴史的な記述は，再構成の結果を伝達する教材として使用する。結果を構成し，伝達し，比較するために，認識過程の初めではなく終わりに用いる。
4-6. より広い時代区分の構成に取り組むなかで以下のようなことを明らかにする。社会の様々な類型における非決定的な連続，同じ歴史的時間の内部における共存，特に現代社会においては過去における社会的現実の要素を明らかにする。

1955年学習プログラムでは，子どもにとって身近な歴史が学ばれた後に，人間社会の歴史が学ばれていた。1985年学習プログラムでもこの方式は受け継がれ，第1サイクルで身近な歴史の学習が，第2サイクルで人間社会の歴史の学習が行われる。学習されるのはイタリア市民社会の歴史であり，これも1955年学習プログラムから大きく変化はしていない。1985年学習プログラムが，それまでの学習プログラムと大きく異なるのは，歴史学について言及している点である。「4.教育方法の指針」の項に主に示されているように，歴史学の手法を踏まえたうえで歴史科の授業を行うように指示されている。さらに「教育方法の指針4-3」にあるように子ども自身が歴史を構成することも求めている。それは歴史科の中に，歴史学が初めて取り込まれたことを意味している。

(3)「一般史」と「歴史的探究」の構造

では1985年学習プログラムはイタリアでどのように評価されているのだろうか。初等教育の学習プログラムの変遷を追った研究としては，シピオーネ・グアラッチーノ，ジャンニ・ディピエトロ（Gianni Di Pietro），コルナッキオーリのものなどが挙げられる。

1987年の著作『最初の歴史のための指導書―小学校教員用』(*Guida alla prima storia. Per insegnanti della scuola elementare*)[19]におけるグアラッチーノの1985年学習プログラムに対する評価は，具体的な実践への示唆がなかったこと，および「歴史」という言葉の定義が曖昧であったことを理由として，具体的な授業には利用しがたいというものであった[20]。

ディピエトロの主張は，1991年に出版されたその著作『イデオロギーの道

具から人間形成のための学問へ―現代イタリアにおける歴史の学習プログラム』(*Da strumento ideologico a disciplina formativa. I programmi di storia nell'Italia comtemporanea*)[21]のタイトルに端的に示されている。歴史科の性格は「イデオロギーの道具」から「人間形成の学問」へと転換したのであり，公教育においてそれが明確になったのは，前期中等教育の1979年学習プログラムと初等教育の1985年学習プログラムにおいてである。歴史教育の目的に着目したこの主張に真っ向から反対する論文は管見の限りでは見当たらず，細かい主張の違いを除けば，歴史教育研究において共有されている認識となっている。ただし，ディピエトロは1979年学習プログラムを「矛盾をはらみながらも大規模な破壊を引き起こしたという点で価値がある」[22]と評価しており，1979年学習プログラムはまだ発展途上であったことを示唆している点には注意が必要である。

　ディピエトロの研究を踏まえたうえでコルナッキオーリの捉え方を見てみよう。歴史教育の歴史を次の三つの時期に区分している点が特徴である。第一期は，公教育の誕生から1955年学習プログラムの発布までの時期である。この時期の歴史科は，「政治的・倫理的役割をもった，他教科の補助教科」[23]と定義されている。第二期は，1960年代から1970年代である。この時期は変革の前夜として捉えられている。第三期は，前期中等教育の1979年学習プログラム発布以降の時期である。コルナッキオーリは，1979年学習プログラムと1985年学習プログラムの歴史科は「科学として，他教科から完全に独立した教科として提起された」[24]としている。また子どもが「歴史を実践する」(fare storia)ことが学習プログラムによって規定されたことで，歴史科は受動的な教科から活動的な教科に転換したとも述べている。このように二つの学習プログラムに対しては好意的な評価が下されているものの，学習内容に変化があまりなかったという点を理由に革新性がないと批判もなされている。[25]

　では，この旧来の歴史教育と新しい要素との関係をどのように考えるべきであろうか。一つの示唆を与えてくれるのが，グアラッチーノが『歴史学と歴史教育のための指導書』(*Guida alla storiografia e didattica della storia*)[26]において提起した歴史教育の対立軸とジレンマである。グアラッチーノは1979年の学習プログラムを踏まえたうえで，歴史教育を成立させる項目として，「対象」

表1-2　歴史教育における対立軸

項　目	新しい歴史教育	旧来の歴史教育
対象（oggetto）	歴史的探究（ricerca storica）	一般史（storia generale）
目的（fine）	内在する目的 （finalità interna）	外在する目的 （finalità esterna）
指導方法（metodo）	学習を発展させていく （gradualita formale）	時系列にそって語る （racconto cronologico）
教材・教具（strumenti）	直接的（diretto）	間接的（indiretto）

出所：*Guida alla storiografia e didattica della storia*, p.11 の記述をもとに筆者が作成。

(oggetto），「目的」（fine），「指導方法」（metodo），「教材・教具」（strumenti）の4項目を設定した。そしてこれらの項目から，表1-2に示すような対立軸を想定している。

しかし，対立軸の両極のどちらが正しいということはなく，それが実行される際には，ジレンマが起こると捉えられている[27]。その際に大事となるのは「教育可能性」（insegnabilità）という視点であり，これは中学校教員というグアラッチーノならではの視点といえる。

このうち1985年学習プログラムに示唆を与えるのは，「対象」に関する項目である。「対象」に関しては，「歴史的探究」（ricerca storica）か「一般史」（storia generale）かという対立がある。ある教科を設定する場合，まず考えるべきはその「対象」である。「対象」は他教科の領域と重複することがあってはならず，なおかつ明確に特定できるような定義をもつことが求められるとされる。

グアラッチーノのいう「歴史的探究」とは，「歴史を探究すること」そのものであり，歴史学の研究書の類を指すものではない。「歴史を探究すること」とはすなわち，資料にあたり，それを批判・分析し，そうした分析から結論を導き，その結論を説明する過程である。つまり「歴史的探究」を対象とするならば，それを歴史学の方法を用いて自分なりの歴史を描いていく過程が歴史科の学習になるといえる。

一見すれば「歴史的探究」が歴史科の対象としてふさわしいように思えるものの，学校教育の中で出来ることは限られているので，何に関して「歴史的探究」を行うのかということを決める選別の基準を設ける必要が出てきてしまう。

選別の基準というものは，ある主観にもとづいて選択されるので，そのような基準を設けてしまうと，「歴史的探究」が本来もつべきである客観的な側面が失われてしまうことになる。

それに対して「一般史」は，特定の価値にもとづく選別の基準や子どもに教育することが可能かという選別の基準をあらかじめ設定し，それにもとづいて歴史研究の成果等を編成したものである。つまり「歴史的探究」から文献の検索や文書の分析といったものを取り除いて，その結論だけを収集し，記述したものが「一般史」である。対象が「一般史」になった場合，子どもは結論だけを学習することになる。しかしこのような結論だけを一方的に伝える学習は，知識主義や暗記主義に陥る可能性があり，歴史学の手法や態度といったものは完全に無視されることになるとされる。

以上の考察をもとにして，グアラッチーノは，歴史を教科として設定するには明確に「対象」を限定していくための基準が必要となるものの，中立的な基準などは存在せず，また基準がなければさらに客観性を失うことになるという点を，「対象」におけるジレンマとして述べている[28]。

このジレンマの解決策として，グアラッチーノは「一般史」と「歴史的探究」の両方が歴史教育に必要だとする。「歴史的探究」だけを行った場合，自分の「歴史的探究」が主観に陥る可能性がある。ここで「一般史」を学習しておくと，自分の「歴史的探究」を相対的に位置づけることができる[29]。また「一般史」を批判的に考察することも可能になるであろう。

グアラッチーノがここに示すような「歴史的探究」と「一般史」の関係は，1985年学習プログラムの構造にも適応できると考えられる。なお「目的」，「指導方法」，「教材・教具」に関する対立軸も歴史教育研究に大きな示唆を与えるものであるので，第2章で詳しく検討する。

3　学習プログラムの現在

(1) 学習内容の変化

1985年の学習プログラム改訂以降，2004年改訂に至るまでに歴史教育研究

に大きな影響を及ぼす出来事が二つあった。

　一つ目は，1996年11月4日付の共和国大統領令第682号による学習内容の変更である。この大統領令では，各学校の最終学年の学習内容を1990年代の歴史に限定することが定められた。たとえば，中学校の場合は「1年目：先史時代から14世紀の中頃まで」「2年目：ルネッサンスから1800年代の終わりまで」「3年目：1900年代」という時代区分になる。

　この改革は学習内容の学年区分を変更したものであり，学習内容そのものを改訂したわけではなかったので，序章で述べたカリキュラムの「非継続性」と「循環性」を克服するものではない。しかし，歴史教育において現代史に1年間を使うということはこれ以降の共通認識となった。

　もう一つの出来事は，2001年の政権交代による教育改革の凍結である。中道左派政権によって進められていた教育改革の中には学習プログラムの改訂も含まれ，ブルーサを始めとした歴史教育研究者もその作業委員会に参加していた。2001年に政権を奪回したシルヴィオ・ベルルスコーニ（Silvio Berlusconi）は実施寸前であった教育改革を凍結した。それは歴史教育研究と公教育との協力関係が中断することも意味していた。

　2004年学習プログラムはこの中道右派政権によって改訂されたものである。厳密にいえば，「国の指針」（*Indicazioni nazionali*）という名称で示された。この「国の指針」はそれまでの学習プログラムにない三つの特徴をもっている。一つ目は，初等教育と前期中等教育の教育目標が初めて同時に改訂されたことである。二つ目は，同時改訂によってイタリアのカリキュラム固有の問題である「非継続性」と「循環性」がある程度解消されたことである。そして，三つ目は教育目標を「教科の知識」（Conoscenze disciplinari）と「教科の能力」（Abilità disciplinari）という二つの項目で明確に区別して記述したことである。表1-3に示すのは初等学校第4・5学年の「教科の知識」と「教科の能力」である。

　この学習プログラムでは，第1学年で因果関係や時間の概念が，第2学年・第3学年では先史時代が，第4・第5学年ではイタリア・ヨーロッパ史が学ばれる。身の回りの歴史を学習することから始まり，その後にイタリア・ヨーロッパ史を扱うのは，1985年学習プログラムと同じ構造である。大きく異なるのは，

表1-3　初等学校第4・5学年の「教科の知識」と「教科の能力」

教科の知識	教科の能力
・物質，社会，経済，技術，文化，宗教の文脈に関連して，事実，ある価値を体現する人物，特徴的な出来事と体制を選択する： 　古代オリエントの大文明の成熟（メソポタミア，エジプト，インド，中国）； 　フェニキア人とユダヤ人の文明および古代以前のイタリア半島に存在した集団； 　起源からアレクサンドリア期までのギリシャ文明； 　起源から危機と帝国の崩壊までのローマ文明； 　キリスト教の誕生，その独自性，その発展；	・現代性の要素，時間の中での発展の要素，学習した文明の歴史的な枠組みの中での持続に関する要素を特定する。 ・神話と叙事詩のテキスト，および典型的なタイトルの簡単な文献の資料をいくつか利用する。 ・教科特有の専門用語を知り，利用する。 ・歴史的な出来事と領域の地理的な特色の考えられる可能性を特定しながら，空間に出来事を位置付ける。 ・自分と他人の関係，祈りの働き，自然との関係を表現するやり方に注意を払いながら，ギリシャ，ローマ，キリスト教の文明における伝統的な文化固有の短いテキストを読む。 ・地域の現実における古代，古典，キリスト教の歴史的痕跡を発見する。

　初等教育は学習内容がキリスト教の誕生で終わり，それが前期中等教育第1学年の内容に接続することである。これは今までのカリキュラムがもつ「非継続性」と「循環性」をある程度解消したカリキュラムであると評価できる。

　一方で否定的な評価を下さざるをえない部分として，神話を扱うようになったことが挙げられる。「教科の能力」に示されているとおり，神話に関するテキストを読むことと歴史の資料を読むことは並列的な関係に位置づけられており，資料批判の観点がなければ子どもに混乱を引き起こしてしまうだろう。

(2)「カリキュラムのための指針」

　2004年に公布された「国の指針」に合わせ，モラッティ（Moratti）改革と呼ばれる公教育の改革が進められていた。この改革も中道左派に政権が移ったことによって，凍結される。そして中道左派政権によって2007年に「カリキュラムのための指針」（*Indicazioni per il curricolo*）が公布された。この「カリキュラムのための指針」も「国の指針」と同様に，初等教育と前期中等教育を公教

表1-4　2007年版の初等学校修了時におけるコンピテンスの発達のための到達点

- 生徒は自分の生活領域における過去の重要な要素を知る。
- 先史時代，原始時代，古代の基本的側面について知る。
- 事実や事態を配置するために，時間の線を使う。
- ギリシャやローマといった学習した社会について知り，人の集団と空間的な文脈との関係を特定する。
- 簡単なカテゴリー（食物，保護，文化）をテーマ化して使用し，知識を組織する。
- 簡単な歴史のテキストを生み出し，提示された歴史のテキストを理解する。教師の指導のもとに，地理・歴史のカードを使い，情報処理の道具を使い始める。
- 学習した事実を語ることができる。
- 現在住んでいる領域の歴史的な足跡を認識し，芸術遺産と文化遺産の重要性を把握する。

表1-5　2007年版の第一中等学校修了時におけるコンピテンスの発達のための到達点

- 生徒は過去の知識に対する興味をより持つ。自主的に歴史的事実と問題を調べる。
- 定住の形成，中世権力の形成から統一国家の形成，共和国の形成というイタリアの歴史における基本的な時期を知る。
- 中世，近代，現代ヨーロッパの基本的な経過について知る。
- 新石器時代の文明化から産業革命，グローバル化という世界の歴史について基本的な経過を知る。
- 自分の環境に関する歴史の基本的な様相について知る。
- イタリアと人間社会の文化遺産という側面を知り，評価する。
- 個別の学習方法を作り上げ，歴史的なテキストを知り，様々な種類の資料から歴史的な情報を抽出し，それらをテキストの中で組織する。
- 得た歴史的な知識をつなげあうことによって説明することができ，自らの考察を論述することができる。
- 現在の複雑性の中で対処し，多様な文化や意見を理解し，現代世界の基本的な問題を理解するために，知識と能力を使用する。

育の第1サイクルと捉え，一貫したカリキュラムを提示している。

　大きく変わったのは，「内容」と「能力」という枠組みではなく，「コンピテンス」（competenze）という言葉が使われるようになり，表1-4と表1-5のように初等教育と前期中等教育の到達点を示すようになったことである。

　初等学校の「コンピテンスの発達のための到達点」に「生徒は自分の生活領域における過去の重要な要素を知る」とあるように，「知る」という能力と知るべき知識が合わせて記述されており，2004年の「国の指針」にあった「教科の知識」と「教科の能力」を統合したものが「コンピテンス」であるといえ

表1-6　2007年版における初等学校第5学年の「学習の目標」

文献資料の使用
――歴史的な現象を理解するために有用な情報を多様な性質をもつ文献資料群から導き出す。
――歴史―社会的な表の中に，経験の領域に存在する過去の証拠と証言の関係のシステムを表現する。

情報の組織
――学習した文明の歴史的な表を比較する。
――学習した知識を表現するために，年表と歴史／地理のカードを使用する。

概念的道具と知識
――西洋の時代区分（紀元前と紀元後）にもとづいて歴史的な年代順の記述を使用し，他の年代順の記述のシステムについて知る。
――学習した社会に関する概括的な表現をまとめ，その際に特徴的な要素間の関係を強調する。

作　成
――現代との関係も含めて，学習した様々な社会を特徴づける側面を比較する。
――グラフ，図表，歴史のカード，図像学的な証拠から情報を抽出・作成し，様々な種類のテキスト，教科書のテキスト，教科書外のテキストを参照する。
――口述と記述という物語形式で学習した主題をまとめる。

る。

　この「コンピテンスの発達のための到達点」に加えて，さらに表1-6に示すような「学習の目標」（obiettivi apprendimento）が，初等学校の第3学年，初等学校の第5学年，第一中等学校の第3学年の教育目標として示されている。初等学校の第3学年の教育目標が示されているのは，この段階で時間に関する知識や身近なものの歴史に関する学習が終了するからである。

　この「学習の目標」は表に示したように観点別の記述であり，「文献資料の使用」（Uso dei documenti），「情報の組織」（Organizzazione delle informazioni），「概念的道具と知識」（Strumenti concettuali e conoscenze），「作成」（Produzione）という項目が設けられ，それぞれに教育目標が示されている。この「学習の目標」と「コンピテンスの発達のための到達点」の関係は明示されていないため，「学習の目標」を達成することが「コンピテンスの発達のための到達点」に達することとどうつながるのかが不明である。

　そして，2008年に中道右派が再び政権を取り返し，さらに2011年に金融危

機が引き金になってまた政権の交代が行われた。2012年の9月には新しい「カリキュラムのため国の指針」(Indicazioni nazionali per curricolo)が公布され，これが2013年11月時点で法的有効性をもつものとなっている。

2012年版の「カリキュラムのための指針」は，「作成」が「筆記と口述による作成」(Produzione scritta e orale)に変わっただけで，全体の構造と教育目標の記述の仕方は変わっていない。「コンピテンスの発達のための到達点」と「学習の目標」の関係は「コンピテンスの発達のための到達点に達するために必要だと考えられる知，知識，能力の範囲を特定するのが学習の目標である」とされている。しかし，「コンピテンスの発達のための到達点」のどの項目が「学習の目標」のどの項目に対応するのかは依然として不明瞭である。

この2012年版の特筆すべき点は，歴史教育研究において重要となるいくつかの言葉が記述されていることである。すなわち「一般史」(storia generale)，「歴史の教養」(cultura storica)，「ラボラトーリオ」(laboratorio)，「様々な次元における歴史―世界，ヨーロッパ，イタリア，地域―」(la storia nelle sue varie dimensioni ―mondiale, europea, italiana e locale―)といった言葉である。これらの言葉が歴史教育研究の中でどのように生まれてきたのかは次章以降で述べていきたい。しかし，それらより重要なのは「文化的な愛情と活動的な市民性に関する教育」という項目が設けられ，歴史の教育と学習がそれらに貢献することを明示した点である。なぜ今一度，価値が問われるようになったのか。そこには，第5章で扱う公教育における歴史教育の意味を問い直した歴史カリキュラム論争が関係していると考えられる。

小　括

本章では，学習プログラムの変遷を追うことで，学習プログラムにおける歴史科の歴史的変遷について検討を行った。その結果は表1-7のようにまとめることができる。

その結果，歴史科の以下のような歴史的変遷が明らかになった。歴史科が誕生したのは，公教育の中で国家の公定する価値が扱われ始めた1880年代であ

表1-7 学習プログラムにおける歴史科の変遷

改訂年	歴史科の特徴	時代背景
1860年	義務教育以後に学習	イタリア統一（1861年）
1867年	イタリア語，計算の重視	首都をローマに変更（1871年）
1888年	歴史科の成立	
1894年	愛国心の明記，統合教科に	エチオピア侵攻（1896年）
1905年	再び単独教科に	第一次世界大戦参戦（1914年）
1923年	子どもが発見する学習の導入	ファシズムが一党独裁に（1926年）
1934年	ファシズム的価値観の重視	第二次世界大戦参戦（1940年）
1945年	民主主義に関する価値の重視	共和制に移行（1946年）
		憲法発布（1948年）
1955年	発達段階の区分を導入	長期経済成長（1950〜60年代）
		社会運動「熱い秋」（1968〜69年）
		テロの激化（1970年代後半〜）
1985年	能力を教育目標に位置づける	大規模な汚職摘発（1992年〜）
		ユーロ導入（2002年）
2004年	教育目標を「教科の能力」と「教科の知識」に	イラク派兵の終結（2006年）
2007年	「コンピテンス」概念の導入	全国学力テストの実施（2007年〜）
2012年	歴史教育研究の成果を反映	経済危機（2011年〜現在）

る。それ以前の公教育では読み書き計算が重視され，歴史教育は周辺的な位置づけにあった。そしてこの時期の歴史科では，国家の公定する価値を伝達することが目的とされていた。この時期以降も歴史教育の教育目的は，学習プログラム全体の性格から大きな影響を受けている。学習内容に目を向けると，第二次世界大戦以前はイタリア統一史が学習内容の中心であり，これは変わることがなかった。教育方法としては主として教師が歴史的事実を語る形をとっていた。一方で，1923年学習プログラムのように発見学習という新しい学習形態を導入する試みも行われた。

第二次世界大戦後の1945年学習プログラムでは，学習内容に身近な歴史と人間社会の歴史が加わり，それまでの教師の講義に加えて子どもの活動が重視されるようになった。また他教科と連携した学習も提起されている。1955年学習プログラムでもこの学習内容と学習形態は継承されている。しかし，イタリア統一史が学習されるという点は変わっておらず，発達の段階が考慮されて

新しい学習が加わるという構造になっている。

　1985年学習プログラムにおいても同様に，子ども自身の学習活動が重視されている。それまでの学習プログラムと異なっているのは，子どもの学習活動が教育学だけではなく，歴史学によっても意味づけられているということである。一方で学習内容は先行研究者も指摘しているように大きな変化を見せていない。「一般史」を「歴史的探究」によって批判的な視点から検討することはできるものの，「一般史」そのものは歴史学によっては意味づけられていない。

　しかし，2007年の「カリキュラムのための指針」において，能力と内容の関係を捉える「コンピテンス」という用語が登場し，教育目標の中で能力と内容を統合する試みがなされ始めた。この点を踏まえれば，2007年の学習プログラムも歴史教育にとって大きな転機であったと評価できる。

1) *Italy: System of education, in Education: The complete Encyclopedia*, Elsevier Science, 1998.
2) 前之園幸一郎「イタリアの教育改革と教育課程」『世界の教育課程改革』民主教育研究所，1996年，p.79。
3) 同上論文，p.83。
4) Tobia Cornacchioli, *Lineamenti di didattica della storia. Dal sapere storico alla storia insegnata: la mediazione didattica*, Pellegrini Editore, Cosenza 2002, p.197.
5) 梅根悟編著『世界教育史大系13―イタリア・スイス教育史』講談社，1977年，p.224。
6) 前之園幸一郎「イタリアの教育改革と教育課程」p.84。
7) 同上論文，p.85。
8) Tobia Cornacchioli, *Lineamenti di didattica della storia. Dal sapere storico alla storia insegnata: la mediazione didattica*, p.192.
9) *ibid.*, p.198.
10) 森田鉄郎・重岡保郎『イタリア現代史』山川出版社，1998年，p.297。
11) 同上書，p.296。
12) Marcello Dei, *La scuola in Italia*, Mlino, Bologna 2000, p.60.
13) 前之園幸一郎「イタリアの教育改革と教育課程」p.85。
14) 同上論文，p.90。
15) 前之園幸一郎「イタリアの教育改革――一九八五年『学習プログラム』をめぐって」『理想』1996年12月号，p49。
16) Antonio Brusa, *Quali contenuti in quali tempi e con quali obiettivi*, in "I viaggi di Erodoto", n.1, 1987, p.143.
17) ほとんどの場合英語が教えられ，授業が始まるのは第3学年からであった。

18) Pasquale Roseti (a cura di), *Storia-Geografia-Studi Sociali*, Nicola Milano Editore, Milano 1992, pp.202-203.
19) Scipione Guarracino, *Guida alla prima storia. Per insegnanti della scuola elementare*, Editori Riuniti, Roma 1987.
20) *ibid.*, p.47.
21) Gianni Di Pietro, *Da strumento ideologico a disciplina formativa. I programmi di storia nell'Italia comtemporanea*, B.Mondadori, Milano 1991.
22) *ibid.*, p.130.
23) Tobia Cornacchioli, *Lineamenti di didattica della storia. Dal sapere storico alla storia insegnata : la mediazione didattica*, p.221.
24) *ibid.*, p.230.
25) *ibid.*, p.230.
26) Scipione Guarracino, *Guida alla storiografia e didattica della storia*, Editori Riuniti, Roma 1984.
27) *ibid.*, pp.9-19.
28) *ibid.*, p.13.
29) *ibid.*, p.139.

第2章 歴史教育研究の成立
■「探究」する歴史教育の提起とその後の発展

　前章では、学習プログラムの記述に着目し、公教育において歴史教育がどのように変化してきたのかを明らかにした。そこでは、教育目標と学習内容の区別が明確になり、歴史を批判的な視点から再構築していく能力を教育目標とするとともに、学習内容として通史を位置づけるという枠組みが作られた。

　本章ではこの転換の背後にあり、歴史教育研究成立のきっかけとなったイーボ・マットッチィとラッファエッラ・ランベルティの理論を検討し、彼らが何を批判し、どのように新しい歴史教育を提起したのかを明らかにする。それに加えて、マットッチィらに対する批判およびその後の研究動向を整理する。

1　「探究」という発想の登場

(1) マットッチィによる「探究」の提起

　現在のイタリアにおいて、歴史教育研究を革新したものとして位置づけられている論文が2本ある。そのうちの1本が、論文冒頭で述べた1978年の『現代イタリア』に掲載されたマットッチィの論文「探究としての歴史のための教科書批判―高等学校における歴史教育」である。

　歴史教育の研究者であるマットッチィは、1970年代後半から現在に至るまで『現代イタリア』や1987年に創刊された『ヘロドトスの旅』に歴史教育のカリキュラム論や授業論に関する論文を発表した。1998年に設立された比較的新しい歴史教育の研究団体であるClio'92の議長としても活動している。この論文以降の彼の研究については、次章以降で取り扱う。

　「探究としての歴史のための教科書批判―高等学校における歴史教育」では、イタリア史の系統的な知識を教える歴史教育が批判されている。当時の歴史教育は教師が教科書を使って講義形式で教えるのが一般的だった。講義以外の活

39

動がなされるとしても，それは知識の定着を狙うための補助的な手段に過ぎなかった。マットッチィの論文では，このような歴史教育を乗り越えるべく，「探究」を行う新しい歴史教育が提起されている。「探究」とは，歴史学者が行う自ら歴史を描き出す活動を指している。

しかし，子どもがいきなり歴史学者と同じ活動をすることは不可能であり，歴史教育において「探究」を行うためには何らかの教育的配慮が必要となる。ではマットッチィの考える「探究」とはどのようなものなのか。

「探究」に関するマットッチィの主張は「生徒の人格と経験を最も優先する必要がある[2]」という一言から始まる。最も優先されるのは，歴史学ではなく生徒の学習である。「探究」の対象および方法も，子どもの経験や知識を基準にして決定され，歴史学的価値のあるものが選ばれるわけではない。「探究」の対象とされているのは，子どもが住んでいる地域の歴史である地域史（storia locale）と人の肉声を資料として扱う歴史であるオーラルヒストリー（storia orale）である。時代は子どもたちの一世代前の歴史，すなわち現在から10～20年前が良いとされている[3]。

古い時代の歴史ではなく，子どもに近い時代の地域史を選ぶ理由は，「彼らの経験から遠くない[4]」からだとされている。音声資料から歴史を描いていくオーラルヒストリーが主張されているのは，文献資料が難解であるのに対して，音声資料の方が子どもにとって理解しやすいからである。また近い時代の地域史を取り上げることで，地域の人物へのインタビューを行ったり，TVや新聞などのメディアを利用したりと様々な方法を試みることができる。「探究」の方法は事前に教師が教えるものではなく，こうした試行錯誤を繰り返すなかで確立されていくものであり，また新たな「探究」を行うことで見直されるものであるとされている[5]。

子どもの経験から出発する「探究」は，活動が進むにつれてより高次なものへと発展する。マットッチィはこの発展の過程を「外へ外へと発展する」（sviluppare via via）[6]，「特殊から一般へ」（da particolare a generale）または「簡単なものから複雑なものへ」（dal semplice al complesso）[7]と表現している。

マットッチィの主張は，子どもを学習の基点とし，そこから「探究」の対象

を子どもの経験からより遠いものへと広げていくべきであると訴える点に特徴がある。また古い時代から新しい時代へと順番に教えるだけであった後期中等教育の歴史教育に，子どもの発達という概念を持ち込んだことも革新的である。彼の主張は，歴史教育を教育の論理によって革新することを意図したものである。それと同時に，「探究」という発想はそれまでの歴史教育を歴史学の立場から批判することによっても導かれている。

この論文におけるマットッチィの問題意識は，歴史教育と歴史学の乖離を克服することにある。それは，論文の冒頭にある次の文章からも明らかである。

「イタリアの歴史学者たちは，歴史教育と彼らの知識の一般化に関する疑問が提示されると，いつも肩をすくめてきた。自惚れ，先入観，そしてギルド的な閉じこもりが，こうした問題に関わることを妨げてきたのだ。彼らは，自身の同業者のためだけに執筆することで満足してきた。それゆえに，高等学校における歴史教育の問題が大学の部屋の外で注意深く扱われようとしても驚かないのだ。」[8]

この歴史学者に対する批判は，歴史学者もまた歴史教育に積極的に関わるべきであるという主張だと捉えることができよう。実際に数学や科学といった教科では，専門学者が学習プログラムの作成に参加していた[9]。歴史教育では教科書の執筆に関わることはあっても，カリキュラムの作成や実践の問題に歴史学者が関わることはなかったのである。

マットッチィによれば，歴史教育に無関心な歴史学者の中で唯一実践を試みたのが，彼の論文で取り上げられているジュセッペ・リクペラーティ（Giuseppe Ricuperati）である。リクペラーティは，歴史学者が行うような「探究」を行うことが歴史教育にも必要であるという考えから，大学生と高校生を対象とした実践を行った。実践の報告は『現代イタリア』と前身の雑誌である『現代史』（*Rivista di storia contemporanea*）に掲載されている。マットッチィが批判の対象とした「高等学校における教科書と『代替』テキスト」（*Manuali e testi 〈〈alternativi〉〉 nella scuola secondaria*）[10]では，教科書が文献資料（documenti）を掲載するようになったことに触れ，これを積極的に活用していくことを提案している。

マットッチィは，リクペラーティの実践が「探究」を取り入れようとしたという点に関しては，一定の評価を与えている。しかし，「探究としての歴史のための教科書批判」という彼の論文のタイトルが示すとおり，教科書を使用したという点においてリクペラーティの実践を批判した[11]。教科書を使用することがなぜ批判の対象となるのか。それを説明するために，マットッチィは教科書がもつ機能について考察を行っている。
　マットッチィは，教科書には二つの層があるとする[12]。一つはイデオロギーの（ideologico）層であり，もう一つが科学認識の（epistemologico）層である。イデオロギーの層は特定の共同体や国を称える目的で過去を利用するものであり，科学認識の層は実証的な歴史を提示するものである。この二つの層が重なりあいながら，教科書の中に提示されてきたのが，彼が「一般史」（storia generale）と呼ぶ歴史像である。「一般史」とは国家や民族といった枠組みを用い，歴史的な事象をその枠組みの中で編年的に示したものである。これは第1章で示したグアラッチーノの「一般史」の捉え方とほぼ同じである。
　教科書に「一般史」が記述されていることが当然と認識されていたのは，イタリアの歴史学の動向と関係がある。第二次世界大戦後から1960年代までのイタリアの歴史学は，ベネデット・クローチェ（Benedetto Croce）やアントニオ・グラムシ（Antonio Gramsci）の影響もあり，イタリアという国の「一般史」を描きだすことを目的としていた。そのために，教科書にイデオロギーの層が存在することは全く意識されなかったのである。「一般史」が特定の視点から物事を捉えているのではないかと意識され始めたのは，イタリアに他国の歴史学が流入してきたことに起因する[13]。マットッチィ自身は明言していないものの，流入してきた歴史学はフランスのアナール学派のものであると考えられる。これ以降の歴史教育研究には，アナール学派の名前がたびたび登場する。この流入に伴ってイタリアの歴史学が直面した事態を北原敦は以下のように整理している。

　「歴史を考えるうえで『国家』，『国民』，『民族』，『階級』といった枠組みが揺らいでしまい，これらの枠組みを所与の前提とすることができなくなった事態を表すものであった。研究の視点は，むしろこれらの枠組みが何を表

第2章　歴史教育研究の成立

象していて，どのように作られるものなのかという問いに移され，そのことはまた，これらの枠組みから除外されていたもろもろの事柄を見直して，そこに埋め込まれている意味を新たに読み取る作業を伴った。[14]」

このようにクローチェやグラムシが前提としていた枠組みは，それ事態が検討の対象となったのである。では，なぜアナール学派によってこうした枠組みは揺さぶられたのか。それを明らかにするために，アナール学派の歴史学者の主張を追ってみよう。アナール学派は，歴史は選択であると主張した。[15]アナール学派の創始者の一人であるリュシアン・フェーヴル（Lucien Febvre）は，以下のように述べている。

　「歴史家は素材を創造または再創造し，掘り出し物を漁り回る屑屋のようには過去をうろつかず，明確な意図，解明すべき問題，検証すべき作業仮説をいつも念頭において出発します。この理由から，歴史はまさしく選択なのであります。[16]」

このようにフェーヴルは歴史学者がもつ問題意識が歴史を選択させることを意識している。いうなれば，歴史は歴史学者の視点の数だけ存在するのであり，イタリア史はある特定の視点から選択された歴史なのである。このように歴史を捉えると，歴史学者が描き出すすべての歴史を教科書に記述することは不可能である。

マットッチィは，こうした歴史学の変化を踏まえ，知識を学習する歴史教育を批判した。それまで学習されていた教科書の「一般史」（イタリア史）は特定の視点に立って選択された歴史であり，これを教えることは特定の視点を子どもに押しつけることになってしまう。仮に他の視点から描いた歴史を教科書に載せて教えたとしても，結局は子どもの視点を固定してしまい，特定の視点を強制することになるのである。[17]

このように従来意識されなかった教科書の固定と強制という側面が，アナール学派がイタリアの歴史学にもたらした変化によって明らかにされたといえるだろう。無限に存在する歴史を学ぶことが不可能であるならば，歴史学者と同じように子どもが自分なりの視点をもって「探究」を行うことは，固定と強制を避けるための解決策として当然考えられる。

では「探究」を行おうとしたリクペラーティの実践はなぜ批判されたのか。マットッチィが批判した理由は，リクペラーティが使った教科書の性質にある。マットッチィはリクペラーティ実践を以下のように捉える。大学生を対象とした1回目の実践では，「探究」は十分に行われなかった。リクペラーティは，その原因を教師の準備不足と子どもの教養不足・無関心にあると分析した[18]。つまり，「探究」を行うために必要な歴史学に関する知識が不十分と考えたのである。その失敗を踏まえ，高校生を対象とした2回目の実践では「探究」の方法を記した教科書を配布し，それを覚えさせてから「探究」を行おうとした。

　マットッチィが批判しているのは，本来固定と強制という側面をもつ教科書を使うことによって，「探究」の方法が固定化され，それが強制されることである。「探究」の方法が一つしかないのであれば，教科書を使用することも問題ではないだろう。しかし，歴史における「探究」の方法が一つしかないという考え方も，アナール学派によって否定された。マットッチィはこの点に関しては深く論じていないので，フェーヴルの著書から方法に関するアナール学派の見解を明らかにしておきたい。

　アナール学派が登場する以前は，「歴史研究は文章記録で行われる」[19]と考えられていた。アナール学派が登場して以降も「歴史研究は文章記録で行われる」と信じる学者が多数存在した。それに対してアナール学派の人々は，「他のすべての学問と新しい同盟関係を絶えず取り結び，同一の主題に様々な学問の光を当てる」[20]という姿勢を示した。つまり歴史学の方法は固定されるものではなく，地理学や図像学といった様々な学問の概念や方法を柔軟に援用して行われるものであると考えたのである。

　歴史だけではなく，歴史を「探究」するための方法も無限に広がる可能性を秘めていると考えると，教科書という限られた紙面の中でその方法を記述することは不可能になる。教科書を使って何らかの方法を子どもに学ばせれば，固定と強制という過ちを繰り返してしまうことになるのである[21]。なお一つの対象に対して，様々な方法でアプローチすることは学際性（interdisciplinalità）と表現され，イタリアの歴史教育を考えるうえで重要な概念となる。

　以上見てきたような教科書もしくは「一般史」への批判とリクペラーティ実

践への批判を踏まえると，視点の固定と強制を排し，方法を固定化・強制させたりしない「探究」を行うことが，マットッチィにとってあるべき歴史教育の姿だといえるだろう。マットッチィの主張は，従来の歴史教育を歴史学の視点から批判しつつ，アナール学派の歴史学の特徴を生徒の人格と経験を尊重する「探究」という発想に重ね合わせたものであるといえる。しかし，マットッチィの主張は「探究」を行うこと自体を歴史教育の教育目的としているために，どのような学習が行われるのかは明確にしているものの，その結果として子どもが身につけるもの，すなわち教育目標を明示していない。マットッチィの主張は，教育目標の不在によって学習のみが重視される危険性をはらんでいるのである。

(2) ランベルティによる「ラボラトーリオ」の提起

現代のイタリアにおいて，歴史教育の革新として位置づけられているもう一つの論文は，ランベルティの論文「歴史のラボラトーリオのために」(*Per laboratorio di storia*)[22] である。

マットッチィやリクペラーティが研究者であったのに対して，ランベルティは後期中等教育の教師であり，マットッチィらとは異なった視点，すなわち学校教育という視点から歴史教育を分析し，新たな歴史教育を提起した。論文「歴史のラボラトーリオのために」は大きな反響を呼んだマットッチィの論文を受けて『現代イタリア』の次号に掲載されたものである。マットッチィと同様に，ランベルティも歴史教育の現状に対する問題を提起し，それを解決する手段を「探究」に求めている。

ではランベルティの想定する「探究」とはいかなるものであろうか。ランベルティは「探究」とは何かについて直接言及せず，「探究」を含んだ「ラボラトーリオ」(laboratorio) という新しい概念を提唱している。元来laboratorioとは実験室の意味である。教育の文脈でいえば，理科室のような特別な教室，そしてその教室で行われる講義に対置する活動的な教育の両方を指す概念として使われる。マットッチィの論文においても，活動的な教育の意味でlaboratorioという言葉が一度だけ使われている[23]。ここでは，ランベルティが考える「ラボラ

第2章　歴史教育研究の成立

トーリオ」とは何かについて明らかにしておこう。「ラボラトーリオ」についてランベルティが強調しているのは，以下の二点である。[24]

　一点目は，「ラボラトーリオ」には特別な教室と活動的な教育という前述した二つの意味が込められていることである。ランベルティは「探究」を行うための活動を構築するだけではなく，それを行うための場を用意する必要性を説いた。これは「形態」(modo)と「場所」(luogo)という言葉で表されている。二点目は,「ラボラトーリオ」において「探究」を行う際に，ある「規則」(regole)を習得していくことを求めている点である。特に二点目はマットッチィの考えと大きく異なるものであり，ランベルティ自身も論文の中で「マットッチィの選択は共有することができない」[25]と自身の立場を表明している。

　このために，ランベルティが考える「探究」の過程は，マットッチィのものとは異なっている。マットッチィは，まず「探究」を行い，その過程で方法を確立していくと主張していた。それに対してランベルティは，逆にまず「探究」の方法を伝達し，それにもとづいて「探究」を行うことを主張している。しかし，「探究」の対象と方法は，マットッチィが主張しているものとは大きくは変わらない。「探究」の対象は10〜20年前の地域史であり，その理由は子どもが自分の視点をもちやすいためである。「探究」の方法は，文献史料を読むだけではなく，統計学や地理学などの方法を援用して行うものだとされている。

　ランベルティとマットッチィの理論を比較してみると，歴史的な事象を学習することを止めて，歴史学者が行うような「探究」を行うことを主張している点は同じである。また「探究」の方法に学際性を求めている点も共通している。両者の相違点は結局のところ「探究」の方法を教育目標として位置づけるのかどうかという点にある。

　では，「探究」をするだけではなく「探究」の方法を子どもに身につけさせるというランベルティの発想はなぜ生まれたのだろうか。両者の違いは，従来の歴史教育に対する批判の仕方の違いに原因がある。前述したように，マットッチィは歴史学の変化から歴史教育の現状に対する問題を提起した。それに対して，ランベルティは歴史学の論理によって歴史教育を批判しつつも，現状の歴史教育のあり方が教師と子どもに与える影響をより大きな問題として捉えてい

るのである。その影響とはどのようなものなのか。

　まず教師に与える影響から見ていこう。ランベルティは，自分を含めた歴史教育に携わる教師達はアイデンティティーの危機にあるとする[26]。そしてその危機をもたらしているのが，教師に歴史の知識を伝達する役割だけを求める当時の歴史教育のあり方である。この役割を背負わされた教師は「文化的な生産のサークル」から除外され，自分の仕事に愛情をもてなくなり，下位意識をもつことになる。このアイデンティティーの危機を乗り越えるためには，歴史教育において「探究」を行い，教師もまたその「探究」に参加する必要がある[27]。この教師自身も「探究」する存在であると積極的に主張する点は，マットッチィの主張にはないものである。歴史教育における教師の主体性を強調するランベルティは，「探究」の方法を教える教師を想定するリクペラーティに対しては，「自ら学校の後進的な概念を提示し，純粋に『技術的な』役割に教師を回帰させる[28]」と手厳しい批判を加えている。

　次に子どもに与える影響を見てみよう。マットッチィも指摘したように，アナール学派によって，「一般史」が特定の視点から選択された歴史であることが明らかになった。ランベルティは，特定の視点を支配者の視点と捉え，教科書に記載されていた「一般史」を学び続けることは文化的な再生産を招くことになると考えた[29]。これはピエール・ブルデュー（Pierre Bourdie）とジャン＝クロード・パスロン（Jean=Claude Passeron）の主張を援用したもので，ランベルティによれば歴史教育においては特に文化的な再生産が見られるという。こうした学校における再生産を減らすためには，子どもを「歴史や歴史学の生産者」とすること，すなわち「探究」を行う主体にすることが必要であり，学校をそうした生産の場に作り替えることが必要になる[30]。

　子どもに対する影響について補足しておくと，イタリアの学校時間もこの問題に関係している。イタリアの学校は全日ではなく，半日授業が基本となっていた。田辺敬子が指摘しているように，子どもは家庭を原因とする教育格差にさらされていたのである[31]。

　まとめると，ランベルティは歴史教育において「探究」を行うことの意味を，学校における階級の文化的再生産を防ぎ，文化的な生産主体としての教師と子

47

どもを確立することに見出しているといえる。「探究」の方法は，歴史の生産者であるために身につけるべきものとして位置づけられているといえよう。

ランベルティが使った「ラボラトーリオ」という言葉は，子どもが「探究」を行う授業をさす概念として様々な研究者によって使用されるようになり，イタリアの歴史教育研究において重要な概念となった。その結果，ランベルティは「ラボラトーリオ」という概念の発案者として認識されている。

（3）イタリアにおける「探究」活動の独自性

マットッチィは歴史教育と歴史学の乖離を克服するという問題意識から，ランベルティは歴史教育における教師と子どもの主体性の確立という問題意識から，イタリア史の系統的な知識を学習することに疑問を呈し，子どもが一世代前の地域史を「探究」するという歴史教育を提起した。彼らの論文は，それまでの歴史教育に内在していた問題点を鋭く指摘し，従来の歴史教育を乗り越える新しい歴史教育を提示したとして，高く評価されている。

マットッチィらの主張には，学校の性格を変えた共和国憲法，子どもの学習を重視することや学校の空間を再構築していくデューイの教育理論の影響を見て取ることができる。これがコルナッキオーリの指摘であることは，前章で述べた。こうした憲法の理念やデューイの教育理論が意味をもったのは，1960年代に起こった二つの出来事が背景にあると考えられる。一つ目は，マットッチィらも指摘していたようにフランスのアナール学派が流入してイタリアの歴史学に変化をもたらしたこと，二つ目は，経済発展に伴うイタリア国内の人口移動と前期中等教育の単線化によって，学校における子どもの社会背景が多様化したことである。

アナール学派は，歴史は一つではないという歴史観をイタリアの歴史学界に持ち込んだ。つまり「一般史」と呼ばれていたものは，特定の視点から描き出された歴史であることを明らかにしたのである。社会背景が多様化することにより，複線化していた学校制度だけではなく，歴史教育を含めた学校教育そのものが特定の社会階層のためのものであったことが暴き出されるなか，そのような考え方とアナール学派の考え方は親和性をもっていた。そして，子どもの

多様化は教育の方針に転換を強いたのである。

　また『現代イタリア』を発行している団体が第二次世界大戦中のレジスタンス運動を研究していたInsmli（イタリア解放運動史研究所）であることも注目しておきたい事実である。Insmliは，第二次世界大戦中に行われたドイツに対するレジスタンス運動を後世に伝えるべく，レジスタンスの資料を収集・保存する目的で設立された団体である。資料を収集する過程において，各地域の独自レジスタンス運動に注目が集まり，『現代イタリア』にも研究が発表された。つまりアナール学派の主張を受け入れる土壌がInsmliの中にも存在したのである。

　そしてもう一つ，イタリアにおいて長い伝統をもち，そして歴史教育の理論に影響を及ぼしたと考えられるものがある。それは生涯学習の理論である。生涯学習と歴史教育の関係を考えると，マットッチィとランベルティが義務教育段階である初等教育や前期中等教育ではなく，なぜ後期中等教育の歴史教育を対象としたのかも見えてくる。その理由を明らかにするために，両者が現職教員養成の機会として利用するべきであると主張している「150時間コース」（150 ore）に着目したい。

　「150時間コース」とは，家庭事情等により十分な就学機会を与えられなかった成人の学習を保障する制度である。これは，1970年代初頭の労働運動の結果，労働者の権利を保障するものとして，1974年の公教育省通達によって始まった。そもそもイタリアでは識字率の低さ等から社会教育や生涯学習に関する関心が高く，様々な取り組みが行われてきた。これらの教育に関しては，佐藤一子や田辺敬子が日本における先駆的な研究者として挙げられる。

　佐藤はイタリアの生涯学習について考察した著書『イタリア学習社会の歴史像—社会連帯にねざす生涯学習の協働』の中で，「150時間コース」についても検討を行っている。その中で，150時間コースにおいて学際的総合的な研究が重要であり，さらにルチオ・ロンバルト・ラディーチェ（Lucio Lombardo Radice）の論文「専門化と学際性」（*Specializzazione e interdisciplinarità*）[32]を引用しつつ，「学習内容以上に相互協力的な学習方法が重要性をもつ。『教室から作業所（laboratorio）へ』という学習の場の変容が，一五〇時間コースの新たな

学習方法原理として期待され，模索されていた」[33]と総括している。教員養成という文脈ではあるものの，マットッチィも「150時間コース」が異なった学習内容と教育方法をもたらしたことを指摘している[34]。

　この佐藤のまとめから，これまで述べてきた歴史教育研究の特徴との共通点を二点挙げることができる。一点目は学習における学際性であり，二点目は教室から作業所（laboratorio）への転換である。ここで述べられているlaboratorioはマットッチィが使っていたように教室と対置される概念であり，ラディーチェの論文においても具体的な施設として構想されてはいない。しかし，教室という空間が規定してきた教育のあり方をコペルニクス的に転換するという発想は共有されている。またマットッチィとランベルティの論文では触れられていないものの，教室の中や学校の中で相互協力的に学習を進めていくことは歴史教育研究における重要なテーマとして位置づけられている。

　ラディーチェの論文にあたりさらなる共通点を探すと，労働運動や学生運動を経て明らかになった世代間ギャップの克服という問題意識が共通点として挙げられる。これらを克服するために，教師と生徒を教える＝教えられるという関係ではなく，共同的な研究者と見なす視点が生まれてきたといえるだろう。特にランベルティの論文にはその意図が明確に感じられる。そして教師と生徒だけではなく，労働者もその共同研究の中に組み入れられる。マットッチィが「150時間コース」における歴史の学習として推奨しているのは，労働者が口述史や地域史を研究し，自らの文化を価値づけることである[35]。

　以上見てきたように，マットッチィとランベルティの主張には，当時盛んであった生涯学習の理論の影響を見出すことができる。すなわち，教える＝教えられるという関係性を廃し，教師と生徒がともに学び続ける歴史教育像が想定されている。特に教師の存在に積極的価値を見出していることがリクペラーティの主張との違いとなる。こうした生涯学習の理論が提起した学習のあり方とアナール学派の歴史学が提起した「探究」の方法を学際性という概念をキーワードとして結びつけたことが，成立期のイタリアの歴史教育理論の特徴であったといえる。

2　「探究」の実現に向けて

(1)「探究」の前提を探る試み

　マットッチィとランベルティの論文を起点として，現在に続くイタリアの歴史教育研究は始まった。その関心の中心は，「垂直カリキュラム」に関する研究と「ラボラトーリオ」に関する研究である。

　「垂直カリキュラム」とは，初等教育から後期中等教育までを見通した一貫性のある歴史教育のカリキュラムのことを指す。「垂直カリキュラム」に関する研究は，民間教育研究団体が合同でカリキュラム案を作成して公教育にも影響を及ぼしていったという点において，教育運動的な側面ももっていた。ここでは「垂直カリキュラム」研究が成立するうえで大きな意味をもつグアラッチーノのマットッチィ批判と研究の論点について整理したい。

　前章でも示したように，グアラッチーノは歴史教育における二項対立的な枠組みを想定した（表1-2を再掲）。その中で，マットッチィに対していくつかの批判を加えている。

　第1章で扱った，「対象」に関する部分をもう一度述べると，グアラッチーノは「歴史的探究」の前提として「一般史」が位置づくと考えていた。これは「一般史」を排除し，「探究」を歴史教育の中心に位置づけるマットッチィに対する批判と捉えることができる。では，その他の項目はどうだろうか。

　「目的」に関しては，「内在する目的」(finalità interna)か「外在する目的」(finalità esterna)かという対立がある。グアラッチーノが命名したこの二つの「目的」の違いは，以下のとおりである。まず，教科の目的がもととなった学問の知識や研究成果の伝達そのものである場合，これを教科の内側に存在するという意味で「内在する目的」と呼ぶ。それに対して，別の目的のためにもととなった学問の知識や研究成果が利用される場合，これを「外在する目的」と呼ぶ。

　通史学習で歴史的な事実を確認していくことは「内在する目的」のように思える。グアラッチーノによれば，これは純粋な知識ではない。なぜなら公教育の中では既成の価値観をくつがえすような知識は無視されるし，歴史的な知識

歴史教育における対立軸（表1-2）

項　目	新しい歴史教育	旧来の歴史教育
対象（oggetto）	歴史的探究（ricerca storica）	一般史（storia generale）
目的（fine）	内在する目的 （finalità interna）	外在する目的 （finalità esterna）
指導方法（metodo）	学習を発展させていく （gradualita formale）	時系列にそって語る （racconto cronologico）
教材・教具（strumenti）	直接的（diretto）	間接的（indiretto）

出所：*Guida alla storiografia e didattica della storia*, p.11の記述をもとに筆者が作成。

というものはある特定の価値によって結論づけられたものだからである。

また資料を整理していく能力や論理学的に考える能力，もしくは歴史学の知識を他の人文科学の分野に当てはめる能力なども「外在する目的」にあたるとしている。この論理でいくと，子どもが学習する過程に他者の意思や価値が介在すれば「外在する目的」をもつことになる。つまり他者の意思を排し，純粋に「歴史的探究」を行うことが「内在する目的」になるとされる。

「指導方法」に関しては，「学習を発展させていく」（gradualità formale）方法と「時系列にそって語る」（racconto cronologico）方法が対立する。歴史を教える教科の「指導方法」で最もポピュラーであると思われるものは，時系列にそって歴史的出来事を語っていくという「指導方法」である。グアラッチーノはこの「指導方法」の利点として以下の三点を挙げる。まず，子どもが歴史の授業を受けるに際して必要となる前提条件が少なくなる。必要とされるのは前の時間に勉強したことと，新旧の概念ぐらいであり，仮に何かの知識が抜け落ちていたとしても，それがその後の知識理解に深い影響を及ぼしたり，つまずきの原因になったりすることはない。次に，教師は歴史を物語として教えるので，物語を理解すれば，それがすなわち歴史を理解したことにつながる。つまり，高度な歴史学の知識や歴史学の手法は不必要であり，物語を理解する言語能力があれば十分事足りるということである。最後に，このような物語はギリシャ時代や中世と近現代で文章の難易度が変わるわけではないから，一定の理解力があれば歴史の学習は非常に容易になる。言い方を変えれば，学年があがったとしても難しくなることはない。グアラッチーノの指摘は以上の三点である。

筆者はそれに加えて，教師の側も難解な歴史学の知識や手法を習得しなくてすむという利点が存在することを指摘しておきたい。
　「教材・教具」に関しては，「直接的」(diretto) か「間接的」(indiretto) かという対立が存在する。公教育において最もよく使われる教材である教科書は，伝達すべき知識や研究成果等を編集した「間接的」な教材であるとされる。教科書編成の選択基準は子どもが理解できるかどうかということであるから，教科書を使用することで授業を容易に進められるようになる。こうした教科書のあり方は，前述した「一般史」のあり方と密接に関係している。しかし，教科書の使用は知識重視に陥り，子どもが受動的になってしまう危険性もはらんでいる。このような歴史教科書に対する批判は，イタリアでも1960年代から70年代にかけて論議されるようになる[36]。
　では，これと対置する「直接的」な教材とはどのようなものか。グアラッチーノは以下のように捉える。まず歴史研究書を用いて学習することが考えられる。しかし，研究書の内容を追うことで教科書と同じ知識重視に陥る可能性をはらんでいるし，研究書は関連性をもたないので系統的な学習が難しくなる。もう一つ身近なものや古い文書などを用いて歴史の知識ではなく歴史学の手法を習得させるという方法が存在するものの，これだけでは歴史的な知識が伝達できなくなるというジレンマを抱えている。また授業自体は非常に難しくなり，教師にも高度な歴史学の力が求められるようになる。
　グアラッチーノのマットッチィに対する批判は，この箇所で行われている。すなわちマットッチィの批判は「一般史」に向けられたものであることを指摘することで教科書の廃棄に対して疑問を呈し，ランベルティが構想した「ラボラトーリオ」においても教科書が必要であることを以下のように主張している。
　「間接的な教材・教具の必要性と歴史を教育可能な教科にする試みとの間には廃することのできない結びつきがある。それらは受動的で知識重視な学習が生み出してしまうものだが。仮に純粋な探究の形態でそれらが飛び越されてしまうならば，歴史的なレディネスと真の自主性を欠く経験に頼った小さな歴史家を生み出すだけである。ラボラトーリオの形態で同じ試みがなされるならば，精巧な能力を生み出すことはできるかもしれないが，歴史は教

えることができないと暗に認めることになる。」[37]

以上のようなグアラッチーノの主張は，マットッチィが構想したような「探究」を完全に否定するものではない。歴史学の論理では解決できない歴史教育固有の問題を指摘し，「探究」を実行するための前提条件を探るものである。ランベルティは「探究」の前提として「探究」の方法を教えることを主張していた。グアラッチーノは，それに加えて「一般史」の学習を前提条件に付け加えているといえる。

しかし，「探究」の前提を探る試みには一つの大きな課題がつきまとっていた。複線型の学校体系に由来する歴史カリキュラムの「非継続性」と「循環性」をどう克服するのかという課題である。

この課題を解決するべく，1985年にヴェネチィアで開催されたInsmliの全国研究集会において，初等教育から後期中等教育まで一貫した歴史教育のカリキュラムを構築することが確認され，その後研究集会の経過をまとめた1988年の報告論文に「垂直カリキュラム」という言葉が使われた。[38]「垂直カリキュラム」という概念はInsmliの歴史カリキュラム研究にとどまらず，歴史教育研究にとっても重要なテーマになる。1985年に初等教育の学習プログラムが改訂され，歴史学に関する能力を教育目標とすることが明示されたこともカリキュラム研究を促進させる要因となった。その後，マットッチィとブルーサの研究が大きな影響を及ぼし，1990年代末に歴史カリキュラムが一つの形になるのである。

（2）「ラボラトーリオ」に関する研究

ランベルティの提起以降，「ラボラトーリオ」という概念は歴史教育研究にどのように位置づけられたのだろうか。歴史教育研究において「ラボラトーリオ」という用語を積極的に用いたのも，Insmliであった。

Insmliが「ラボラトーリオ」という用語を用い始めたのも，「垂直カリキュラム」の提案と同じく1985年頃である。この時期は教育制度における歴史教育の役割にも変化が訪れた時期である。すなわち，公教育の教育目的と学習内容，教育目標を定めた学習プログラムに大きな変化が起こったのである。前期

中等教育の1979年学習プログラムと初等教育の1985年学習プログラムは，歴史的な事象を覚えることに加えて，歴史学に関わる能力を身につけることを求めた。

　Insmliの研究も，マットッチィやランベルティのように現状の歴史教育を否定するものから，学習プログラムを意識したものへと変化していく。Insmliが定期的に行っている全国研究集会では，1985年学習プログラムの公布以降，Insmliの研究と学習プログラムとの関係をどのように考えるのかということが研究テーマとして挙げられるようになる。また後期中等教育における歴史教育を対象としていた「ラボラトーリオ」研究が，初等教育と前期中等教育の歴史教育を対象とし始めたのもこの時期である。

　『現代イタリア』に載せられた論文に着目すると，1985年に「『歴史のラボラトーリオ』レジスタンス団体の教育に関する提案」("*Laboratorio di storia*" *La proposta didattica degli istituti della Resistenza*)[39]と題された論文が掲載されている。団体の研究を方向づける言葉として，「ラボラトーリオ」という言葉が使用されていることがわかる。ただし，この論文では「ラボラトーリオ」が「物質的に整備された場所（luogo）であり，それと同時に自覚的な精神的かつ専門的能力（attitudine）」と定義されている。ランベルティの定義に含まれていた形態（modo）は専門的能力（attitudine）に置き換えられており，「ラボラトーリオ」は身につけるべき能力と捉えられている。すでにランベルティの「ラボラトーリオ」とは異なった側面を見せ始めている。

　Insmliの歴史教育研究に参加していた論者に着目すると，ミラノの歴史教師マウリーチィオ・グッソ（Maurizio Gusso）が歴史教育研究の主要な文献を紹介した論文「歴史の教育方法：探究とラボラトーリオ―イタリアにおける論争（1967-1985年）。注釈付きの書誌」(*Didattica della storia：ricerca e laboratorio. Il dibattio italiano（1967-1985）. Bibliografia ragionata*)[40]を1986年に著している。そこには「歴史の教育方法のためのラボラトーリオという視角」という項目が設定されており，ランベルティの論文「歴史のラボラトーリオのために」が「歴史教育のためのラボラトーリオという初めての提起」として位置づけられている。さらに，Insmliは歴史教育のみを扱う団体内研究組織としてLandis（歴史

教育のための全国研究所)を設立した。この団体名には，laboratorio（研究所）という言葉が用いられている。Landisは「ラボラトーリオ」に関する研究やカリキュラム研究を進める一方で，レジスタンス運動の教育というInsmliの課題を受け継ぎ，平和教育などに力を入れている。

この時期におけるInsmliの研究の方向性については，アントニオ・ブルーサが1998年に発表した論文「告発された教育方法」(*La didattica sotto accusa*)において言及している。ブルーサによれば，Insmliに代表されるような左翼系の研究グループは1980年代に入るまで「根本的問題，教育のイデオロギー次元，権利，歴史学の革新」といったことに注意を払っていた。しかし1980年代に入ると，「日常的な教育方法」も研究の対象にするようになったのである。このようにして，「ラボラトーリオ」という概念に衆目が集まる状況が生まれた。

しかしこのことと並行して，ランベルティがもっていた学校改革という視点は薄れ，「ラボラトーリオ」に関する研究は日々の授業に焦点を移している。不安定だったイタリア社会が経済状況の改善などによってこの時期は落ち着きを取り戻しつつあったことも，その原因と考えられる。そして，日常の授業を対象とした研究が広がるなかで，InsmliとLandisの研究に参加した研究者間に，「ラボラトーリオ」の定義の相違が顕在化してくることになる。それは，教育実践によって「ラボラトーリオ」という概念が問い直されたために顕在化した相違である。

Landisの研究の中心を担った研究者としては，Landisの研究に初期から参加していた，アウロラ・デルモナコを挙げることができる。彼女が1994年に発表した論文「記憶はどこで形成されるのか──歴史のラボラトーリオ」(*Dove si costuisce la memoria. Il laboratorio di storia*)は，デルモナコがLandisのメンバーであることが明記された論文であり，この時点におけるLandisの研究を代表する論文である。

この論文において，デルモナコは「(ラボラトーリオは)第一に物理的な場所である」と述べて，「場所」としての「ラボラトーリオ」の必要性を強調している。「場所」の必要性は，ランベルティの主張と同じである。

ではデルモナコの考える「場所」としての「ラボラトーリオ」はどのような

ものなのか。その「構造」(struttura)を述べるにあたり，物理的な「場所」としての「ラボラトーリオ」が有する最低限の条件は次の二つに絞られている。一つ目は子どもが自由に動き回れる広さがあること，二つ目は資料や研究成果を掲示していけるような広い壁があることである。つまりデルモナコが考える「場所」としての「ラボラトーリオ」は，資料や機器といった具体的な設備を構成要素とするのではなく，「動けることこそが本質的な教授要素である」[44]という言葉が示すとおり，机に座って先生の話を聞く授業形態を変革するものであるといえる。この授業形態の変革という視点がランベルティが提起した学校改革の視点より優先されている。

　ただし，設備を不必要としているわけではなく，フィルムや映画といった機材（materiale）を使うことの利点も述べられている。また様々な機材を使うことで，歴史に対する多様なアプローチが可能になるともしている。つまり「ラボラトーリオ」に良い設備が整うことは良い実践につながるものの，必須条件ではないとされたのである。

　この論文では，学校の中に設置する「ラボラトーリオ」だけではなく，学校外に設置する「ラボラトーリオ」という構想も示されている。デルモナコの考える「場所」としての「ラボラトーリオ」は，物理的にそれまでの学校や教室と対置されるものとして位置づけられている。学校外に設置する「ラボラトーリオ」という構想はランベルティのものとは大きく異なる。つまり，学校を内側から変革するという視点ではなく，学校の外部と協力することで授業を変えていくことが目指されている。

　では，デルモナコは「場所」としての「ラボラトーリオ」以外の要素をどのように捉えているのだろうか。デルモナコが示している構想を単元の流れに沿って考察したい。ここで重要なのが，デルモナコが「ラボラトーリオ」を学習プログラムに沿った歴史学習に付け加えられる発展的な学習として構想していることである。また学校の教師が実践を行う必要はなく，他の学校の教師や地域の研究者が実践を行ってもよいとされる。論文では，デルモナコが学校とは別の場所に設置された「ラボラトーリオ」に子どもを集めて実践を行っていることが紹介されている。[45]「場所」としての「ラボラトーリオ」が教室の外に

設置されるように,「ラボラトーリオ」も教室で行われる歴史学習とは別のものとして構想されているのである。

まず単元の導入では,子どもを動機づけるようなテーマと発問が重要視されている。例として,イタリア共和国憲法を扱う単元における「私たちはみんな権利をもっていると信じているけれども,それはどんなものだろう」[46]という発問などが示されている。

単元における子どもの学習は資料を読み取ることとして構成されている。ただし,子どもに資料を与えるだけでは混乱を招くとし,教師から枠組みを与えることで子どもが資料に取り組むという構想を示している[47]。最も簡単な枠組みとして示されているのは,「環境」,「経済活動」,「社会的関係」,「権力」,「政治体制」,「文化」といった枠組みである。これが高度になると,因果関係や,「主観」と「事象」,地域史との関係などが加えられる。

一つの事象に対して様々な枠組みで見直すことは,多様な視点をもつことにつながる。多様な視点をもつことはその他の手だてとしても現れている。たとえば,子どもが個人での学習に終始するのではなくグループでの学習を行う,一つのテーマに対して異学年交流を行う,といった手だてが示されている。

単元の最後には,学習したことをまとめることが求められる。これは教師による学習の評価を主たる目的としているのではなく,「場所」としての「ラボラトーリオ」に研究成果を蓄積していくという側面からの主張である。多くの子どもが多様なアプローチによって研究を蓄積していく「場所」としての「ラボラトーリオ」は,フェーヴルが描いた様々な研究者が集って歴史を「探究」する「歴史研究所」[48]を体現しているといえるだろう。

以上のことから,デルモナコの考える「ラボラトーリオ」は,問題を設定し,資料を読み,その成果をまとめるという歴史学者の活動を模したものであると考えられる。ただし,テーマの選択や問題の設定,活動を行うための資料の選択は教師によって行われている。このことから,デルモナコの考える「ラボラトーリオ」は歴史学者の活動を子どもに追体験させるものであるといえる。そして,それを行う物理的な「場所」が必要とされている。

彼女の構想はInsmliの歴史研究と学校における歴史教育の連環を考え,それ

をつなぐ学習および場所として「ラボラトーリオ」を構想していると捉えることができる。

小　括

　本章では，第1章で取り上げた政策転換の裏にあった歴史教育研究の変遷を明らかにしてきた。

　まず，マットッチィとランベルティの理論を取り上げ，「探究」を中心に据えた歴史教育の実態を明らかにした。マットッチィは歴史学の変化を踏まえたうえで，固定と強制を排除することで子どもが自主的に「探究」を行う歴史教育を構想した。排除は「探究」の方法にも及び，様々な学問の知見を援用することが求められた。学習プログラムにおける歴史科は，1945年学習プログラムから地理科などと連携することが求められていた。発見学習が歴史教育によって意味づけられたのと同様に，学際的な研究も歴史学によって意味づけられたのである。一方ランベルティは，学校を生産的な場所に変えることを意図し，その場所と学習形態に「ラボラトーリオ」という呼称を与えた。マットッチィの主張と比べると，ランベルティは学校における再生産を防ぐために，子どもに身につけさせるもの，すなわち教育目標を明確に意識している。

　彼らの理論には，歴史学の側面から見ればアナール学派の影響を，教育学の側面から見ればデューイの理論と生涯学習の理論からの影響を見て取ることができる。伝統的な歴史教育を規定しているものとして学校を想定する彼らの歴史教育理論は，学校を変革し，教師と子どもがともに学び続けるという目的をもった歴史教育理論なのである。

　そして，彼らが提起した論点に関する研究を検討し，歴史教育研究のその後の展開を明らかにした。その研究は，「探究」の前提を探ることから生まれた「垂直カリキュラム」に関する研究と，日々の授業から学校そのものを改革していこうとする「ラボラトーリオ」論に焦点づけられる。

　「垂直カリキュラム」に関しては，主に以下の二点を課題として取り組まれた。一点目は，イタリアの歴史教育カリキュラム特有の性格として認識された「非

継続性」と「循環性」を克服するという課題である。二点目は,「探究」を行うための前提を後期中等教育から初等教育へとさかのぼって確定させるという課題である。「ラボラトーリオ」論に関しては,急激な改革よりも学校に根差した漸進的な改革が志向され,歴史の発展学習として「ラボラトーリオ」が位置づけられることとなった。ただし,学校外の機関と連携していくという姿勢は,マットッチィらの研究が生涯学習の理論に影響を受け,学校外での学びに目を向けていたことによって着想されたともいえる。

以上のことから,イタリアの歴史教育研究は以下のような特徴をもって生まれたといえるだろう。歴史教育研究が成立した時,それは生涯学習の理論にも影響を受けながら誕生した。それゆえに,カリキュラム論においては社会に出たときに歴史は何の役に立つのかという視点が,授業論においては公教育の外で行われる教育や研究とどのように連携していくのかという視点が歴史教育研究に内包されたのである。次節で取り上げるように,マットッチィも社会における人間にとって歴史教育はどのような意味があるのかを考察している。

1) http://www.clio92.it（2013/10/31確認）。
2) Ivo Mattozzi, *Contro il manuale, per la storia come ricerca. L'insegnamento della storia nella scuola secondaria*, in "Italia contemporanea", n.131, 1978, p.72.
3) *ibid.*, p.72.
4) *ibid.*, p.72.
5) *ibid.*, p.74.
6) *ibid.*, p.72.
7) *ibid.*, p.72.
8) *ibid.*, p.63.
9) Antonio Brusa, Francesco Omodeo Zorini, Scipione Guarracino, *I nuovi programmi di storia delle elementari*, in "Italia contemporanea", n.159, 1985, p.106.
10) Giuseppe Ricuperati, *Manuali e testi 〈〈alternativi〉〉 nella scuola secondaria*, in "Italia contemporanea", n.128, 1977, pp.69-85.
11) Ivo Mattozzi, *Contro il manuale, per la storia come ricerca. L'insegnamento della storia nella scuola secondaria*, p.66.
12) *ibid.*, p.67.
13) *ibid.*, p.68.
14) 北原敦『イタリア近現代史研究』岩波書店, 2002年, p.404。
15) リュシアン・フェーヴル著・長谷川輝夫訳『歴史のための闘い』平凡社, 1995年, p.18。

16) 同上書,p.18。
17) Ivo Mattozzi, *Contro il manuale, per la storia come ricerca. L'insegnamento della storia nella scuola secondaria*, p.69.
18) *ibid.*, p.63.
19) リュシアン・フェーヴル『歴史のための闘い』p.15。
20) 同上書,p.29。
21) Ivo Mattozzi, *Contro il manuale, per la storia come ricerca. L'insegnamento della storia nella scuola secondaria*, p.73.
22) Raffaella Lamberti, *Per un laboratorio di storia*, in "Italia contemporanea", n.132, 1978, pp.75-88.
23) Ivo Mattozzi, *Contro il manuale, per la storia come ricerca. L'insegnamento della storia nella scuola secondaria*, p.77
24) Raffaella Lamberti, *Per un laboratorio di storia*, p.82.
25) *ibid.*, p.82.
26) *ibid.*, p.76.
27) *ibid.*, p.77.
28) *ibid.*, p.76.
29) *ibid.*, p.77.
30) *ibid.*, p.77.
31) バルビアナ学校著・田辺敬子訳『イタリアの学校変革論』明治図書,1979年,p.158.（引用箇所は訳者解説）
32) Lucio Lombardo Radice, *Specializzazione e interdisciplinarità*, in AA.VV., *Didattica delle 150 ore*, Editori Riuniti, Roma 1975, pp.168-182.
33) 佐藤一子『イタリア学習社会の歴史像―社会連帯にねざす生涯学習の協働』東京大学出版会,2010年,p.186。
34) Ivo Mattozzi, *Contro il manuale, per la storia come ricerca. L'insegnamento della storia nella scuola secondaria*, p.76.
35) *ibid.*, p.76.
36) Antonio Brusa, *La didattica sotto accusa*, in "I viaggi di Erodoto", n.35, 1998, p.43.
37) Scipione Guarracino, *Guida alla storiografia e didattica della storia*, Editori Riuniti, Roma 1984, p.17.
38) Teodora Sala, *I percorsi accidentati, ma praticabili, della storia insegnata. Un convegno degli Istituti sul curricolo verticale*, in "Italia contemporanea", n.171, 1988, p.98.
39) Laura Capobianco, Guido D'Agosto, *"Laboratorio di storia". La proposta didattica degli istituti della Resistenza*, in "Italia contemporanea", n.158, 1985, pp.107-110.
40) Maurizio Gusso, *Didattica della storia: ricerca e laboratorio. Il dibattito italiano（1967-1985）. Bibliografia ragionata*, in Ornella Clementi, Grazia Marcialis, Teodoro Sala（a cura di）, *La storia insegnata. Problemi, proposta, esperienza*, Bruno Mondadori, Milano 1986, pp.270-283.
41) Antonio Brusa, *La didattica sotto accusa*, p.43.

42) Aurora Delmonaco, *Dove si costuisce la memoria. Il laboratorio di storia, in Dalla memoria al progetto. Seminario di formazione per Docenti*, "Quaderni. Formazione Docenti" del Ministero della Pubblica Istruzione - Direzione Generale Istruzione Classica Scientifica e Magistrale, 1995, n.5, pp.43-59.
43) *ibid.*, p.43.
44) *ibid.*, p.44.
45) *ibid.*, p.51.
46) *ibid.*, p.50.
47) *ibid.*, p.53.
48) リュシアン・フェーヴル『歴史のための闘い』p.177。

第3章 イーボ・マットッチィの歴史教育理論
■「歴史の教養」を身につける歴史教育

　第1章と第2章では，歴史教育研究の中で共有されてきた課題について明らかにしてきた。第3章と第4章では，個人の研究に焦点を当て，歴史教育研究の中にある対立点を明らかにしていく。扱うのは，イーボ・マットッチィとアントニオ・ブルーサの1980年代後半から1990年代前半の研究である。

　この時期は歴史教育研究にとってやや平穏な時期である。マットッチィらが示した歴史教育像の大枠が公教育に是認されたことで，それをどう実現していくのかが共通課題となった。その課題に対して意見の相違はあったものの，前章で示したような基本的な考え方に対して，それを覆すような批判は生まれてこなかった。

　この時期の研究を概観すると，マットッチィとブルーサの研究が質・量とも目立っている。ともに，Insmli（イタリア解放運動史研究所）とLandis（歴史教育のための全国研究所）の研究に参加しながら，マットッチィは北部のボローニャを，ブルーサは南部のバーリを拠点として，独自の研究も行っていた。しかし，イタリアの歴史教育研究においては個人の歴史教育理論にあまり焦点が当たらず，その結果として論者による歴史教育理論の違い等も明確になっていないのが現状である。

　特に，両者の間には教科書の廃棄を訴えるマットッチィと教科書の擁護を訴えるブルーサというわかりやすい対立構図があり，その対立構図がありきで彼らの歴史教育論は語られる傾向がある。このような対立構図の描き方は，グアラッチーノが示した歴史教育における対立軸における「教材・教具」の項目の両極に両者を位置づけるものである。本研究ではその点に留意しながらも，両者が共通して構想を示しているカリキュラム論を中心に彼らの歴史教育理論を検討し，その違いを明確にしていく。彼らのカリキュラム研究は第5章で取り上げるカリキュラム案にも結実するので，その点にも注意したい。

本章で扱うマットッチィの研究は,多くがカリキュラムに関するものであり,カリキュラムに位置づける教育目標を詳細に分析していく点に彼の研究の特徴がある。まず,初等教育に関するものを主として検討し,続いて後期中等教育に関するものを検討する。そのことで,初等教育から後期中等教育に至るマットッチィの「垂直カリキュラム」構想を明らかにする。合わせて彼の教員養成論を扱い,マットッチィがどのような歴史教育の授業を想定し,結果として教師にどのような専門性を求めているのかを明らかにする。

1　マットッチィの初等教育のカリキュラム研究

(1)カリキュラム研究へのマットッチィの影響

　第2章で述べたように,「垂直カリキュラム」に関する研究には「非継続性」と「循環性」という克服するべき課題がある。マットッチィはカリキュラム研究の中心となったInsmliの活動に参加しながら,論文「潜在するカリキュラム」(*Il curricolo sommerso*)[1]を発表してカリキュラム研究に新たな視座を与えた。この論文においてマットッチィは,学習プログラムには明示化・理論化されていない「潜在するカリキュラム」が存在し,各学習プログラム間には「継続性」と「垂直性」(verticalità)も存在していると主張した。

　マットッチィによれば,古代史から現代史までを順に教える学習プログラムは単に内容を羅列しているのではなく,明示化・理論化されてはいないものの,そこには明らかな編成原理が存在している。それは歴史の学習は古代にさかのぼるほど簡単になり現代に近づくほど複雑になるので,古代から学習を始めさせるという編成原理である。それに対してマットッチィは,歴史学の研究成果として歴史的な事象を捉えた場合,研究成果に難度の違いが出てくるのはおかしいと指摘している。[2]そして後期中等教育の授業は前期中等教育の授業の理解を,前期中等教育の授業は初等教育の授業の理解を前提として成り立っていることを指摘している。[3]これが「潜在するカリキュラム」としての「継続性」と「垂直性」である。

　前章で取り上げた彼の研究から補足をしておくと,学習内容を「探究」の対

象として捉えるならば，簡単なのは古代史ではなく，子どもたちの年代から近い地域の現代史である。自分たちの経験から年代的に最も遠く，また資料などに乏しい古代史は「探究」の対象としては難しいことになる。

まとめると，マットッチィは学習プログラムの「非継続性」と「循環性」を批判の対象にするのではなく，「潜在するカリキュラム」の「継続性」と「垂直性」を批判の対象として据え直したといえる。これらの考察を踏まえたうえで，マットッチィは歴史的な事象を理解するための前提が明示化・理論化されていないために，一度理解につまずいた子どもは各学校段階でつまずき続けると指摘している。そして「教育的・認知的基準，特に歴史的な知識の前提条件を組織した真のカリキュラムの開発」を主張している。

論文「潜在するカリキュラム」によって，マットッチィは暗黙の前提となっている編成原理を考察し，明確な編成原理を新たに構築したうえでカリキュラムを構築するという方向性をカリキュラム研究に与えたといえる。この課題を初等教育に引きつけると，子どもが歴史を学び始める時，何を最初に身につけさせるべきかという課題が浮かび上がる。特に学習プログラムに示された「時間と空間の把握」という教育目標をカリキュラムにどう位置づけるのかがこの時期に研究された。そして基礎的な能力から応用的な能力へという新たなカリキュラムの編成原理が模索されたのである。

(2)教育心理学への着目

子どもはいかにして歴史を学び始めるのかが問われた時，教育心理学の知見を援用し，子どもの理解の過程を導き出そうとする研究が登場した。その先駆的な研究としては，InsmliやLandisとは比較的な関係が薄いヒルダ・ジラルデット（Hilda Girardet）の研究が挙げられる。彼女は1985年学習プログラムが公布された2年後の1987年に『初等学校における歴史科，地理科，社会科』（*Storia, geografia e studi sociali nella scuola elementare*）を著し，教育心理学の重要性を指摘している。歴史学の理論を参照して歴史教育を構想することに重きが置かれていた当時の研究状況を鑑みれば，子どもの理解に軸足を置いた彼女の研究の方向性は大いに評価されるべきである。特に「初めて学校に来る子どもでも文

化をもっている」とし，子どもが白紙の状態で歴史を学習するのではないと指摘した点は重要である。マットッチィやランベルティが指摘していた若者の文化と歴史教育のズレという視点が，教育心理学の知見を援用することで学校に入る前の子どもにも適用されたことになる。

ただし，彼女の問題意識は授業における子どもの認識過程をどう構築するのかにあり，1985年学習プログラムに示された目標を基本的には是認している。授業においては，議論という形で子ども同士の学び合いを推奨する点に特徴がある。これは彼女がレフ・ヴィゴツキー（Lev Vygotsky）の教育心理学を参照し，学習プログラムに示された「知識と疑問を社会化し，子どもの言語能力を発達させる」ことを教育目的としているからである。

マットッチィも教育心理学に着目した代表的な研究者である。初等教育のカリキュラム案とカリキュラム案に沿った実践を納めた編著『歴史のためのカリキュラム』(*Un curricolo per la storia*)を1990年に著している。この著作において，知識の再定義を試みることによって，新たなカリキュラム案を提起している。ここで彼が提起したのは，「認知的な操作」（operazioni cognitive）を行う歴史教育である。初等教育で行われる「操作」(operazioni)は一次資料を用いて自ら過去を描いていく「過去の再構成に関する操作」と歴史学的なテキストを解読していく「整理された知識における操作」の二つに大別される。

「操作」とともにカリキュラムの要素とされているのが「学習内容」(contenuti)と「教材・教具」(strumenti)である。「学習内容」は「操作」の対象となるものであり，「教材・教具」は「操作」を行う際に用いる資料（fonte）を指している。三要素のうち，「操作」が最も重要視され，「学習内容」と「教材・教具」は「操作」に「適切な」という基準で選択される。マットッチィはこのような「操作」の重要性を，ジャン・ピアジェ（Jean Piaget）の「知るということは現実のコピーを作ることを意味するのではなく，むしろ現実に対応し，それを変革することである」という一節を引用して説明している。つまり，何かしら知識を理解する際に必要なものとして「操作」を捉えている。

「学習内容」および「教材・教具」の選択にも，それまでの歴史教育とは異なったマットッチィの独自性を見ることができる。「学習内容」の選択に関しては，

表3-1　マットッチィの初等教育カリキュラム案

	第1学年	第2学年	第3学年	第4学年	第5学年
過去の再構成に関する操作	クラスの過去に関する側面 数ヶ月前の回顧録 学校の中で同じ子どもが生み出した資料：ノート，写真，表，日記，生の証言	個人の過去に関する側面 約7年前の回顧録 行政と家族の領域で生み出された資料（証明書など）	家族の過去に関する側面 約30年前の回顧録 「家族」，行政（学校の文書），公共（新聞）の領域で生み出された資料	地域／社会の過去に関する側面 約100年前の回顧録 領域における現存する資料（建築物，建築物の遺跡，景観），行政の領域の資料（公文書，企業の文書）	
時間的知識の形成	日 週 月 年 季節 日付 年代	時間 5年間 10年間	世紀 世代	紀元前／紀元後 歴史学的な年表（例：500年代，16世紀）	歴史学的な年表（先史，古代史など）
	図表の作成	図表の作成	図表の作成	図表の作成	図表の作成
世界の過去における情報，知識における操作					歴史学的な事実

出所：*Un curricolo per la storia*, p.49の表をもとに筆者が作成．

「学問的な内容（教科書の内容）」と「子どもが生活している現在に近い過去に関する内容」の二つを対立軸とし，子どもにとって「操作」が容易であるという観点から，後者を初等教育における「学習内容」としている[11]。「教材・教具」に関しては，その原則を「資料は伝統的な歴史学者のそれではなく，人が生きた形跡を帯びているものすべてが過去に関する情報の資料となる」[12]と述べている．この資料に関する考え方には，前章で取り上げたアナール学派の影響を見て取ることができる．この「学習内容」，「教材・教具」，「操作」を学年順に配

列したのが表3-1である。

　このカリキュラム案の特徴としては,「過去を再構成する作業」が「学習内容」と「教材・教具」を変えて各学年で繰り返し行われていることである。たとえば,「過去の再構成に関する操作」の項目を見ると,「クラス→個人→家族→地域／社会」というように学年が上がるにつれて対象とする空間が拡大し,「数ヶ月前→約7年前→約30年前→約100年前」というように学年が上がるにつれて対象とする時間がより過去のものになっている。このようにマットッチィは対象を変えながら「操作」を繰り返し行うことで「認知的な構造」(strutture cognitive) が確立されると主張している。この原理は「内容, 教材・教具, 操作の漸進的なバリエーション」(variazione progressiva dei contenuti, degli strumenti e delle operazioni) と「操作の再行性」(ricorsività delle operazioni) という言葉で表される。

　この研究の非常に重要な点は,ピアジェの研究を参照しつつ,知識の理解において「操作」が果たす役割,すなわち「認知的な構造」の獲得を明確に位置づけたことである。カリキュラム案に示されたように「操作」を行って歴史を描き出す活動を「探究」とするならば,知識の理解は「探究」の前提ではなく,両者は相互補完的な関係にあることになる。つまり,子どもの理解を基軸にすることで,「操作」もしくは「探究」を行う必然性をカリキュラムの中に見出したのが,マットッチィの研究であるといえる。それはグアラッチーノからマットッチィに寄せられた批判に対する応答とも捉えることができる。

　この著作において,マットッチィ自身は具体的な授業構想は示しておらず,小学校教師による実践例が載せられている。その中からルイゼッラ・マイオーリ (Luisella Maioli) の実践「カレンダーの構造」(*La struttura del calendario*) (写真3-1) を取り上げて,マットッチィが構想する授業の具体像をつかみたい。

　マイオーリの実践は小学校第1学年向けのもので,カレンダーを自らの手で動かしていくことで,カレンダーの構造を探っていくものである。マットッチィのカリキュラム図に照らし合わせると,「時間的知識の形成」の第1学年の内容に当たる。最初に扱われるのは日付表示器で,日時に関する要素を学び取る。

　次に使われるのは,「日曜日,1日,11月」のように「曜日」「日」「月」を

第3章　イーボ・マットッチィの歴史教育理論

写真3-1　カレンダーの構造

1．日付表示器
　左から，「金曜日，10日，6月，1988年」

出所：*Un curricolo per la storia* p.80.

2．一ヶ月を表す箱と日付カード
　7, 14, 21, 28のカードはすべて10月。1のカードのみ11月。

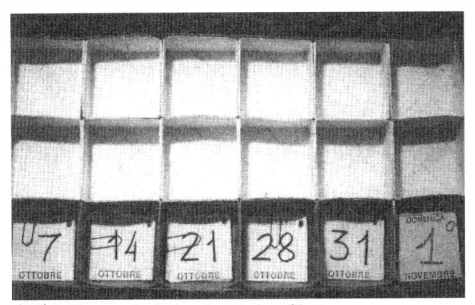

出所：*Un curricolo per la storia* p.81.

3．一年を表す箱と日付カード
　箱上段左から9月，10月，11月，12月の束，1月，2月の束，箱中段左から3月，4月，5月の束，箱下段左にはまだ整理されていない6月のカードがある。

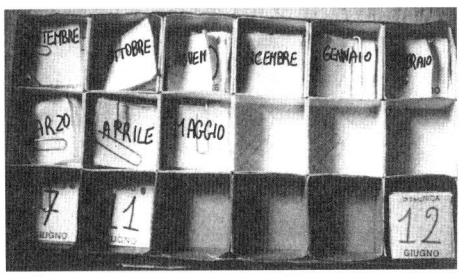

出所：*Un curricolo per la storia* p.82.

(注) 写真以外の解説等は筆者による。

69

記したカードを箱に入れていく作業である。写真では、7枚のカードを一つに束ねて週の構造を理解させている。その後に月のカードを一つにまとめ、12ヶ月をすべて箱に入れ年の構造を理解させている。

カレンダーを操作してカレンダーの構造をつかんでいくこの実践は、マットッチィが構想する作業を繰り返すことで「認知的な構造」を確立していく授業であるといえるだろう。

（3）歴史教育と歴史学との関係

異なった対象に対する「操作」がより高度になるとき、それは歴史学者が行うものとどのように異なるのかという疑問が出てくる。この点について考察したのが1992年に『ヘロドトスの旅』に掲載された論文「小さな歴史家とは！」(Che il piccolo storico sia!)[13]である。

マットッチィは歴史学者が行う「操作」を以下の七つに分類している。七つの「操作」とはすなわち、①「コンピテンスの準備」、②「資料以外の知識の獲得」、③「テーマ化／問題化」、④「基本的な文献資料の探究と特定」、⑤「資料の使用と利用。知識の生産」、⑥「情報の起草と構造化」、⑦「構成された知識との対話」[14]である。そのうえで「専門家の探究」と「教育モデル」との対比を行っている。両者の対比においては、歴史学者もしくは生徒が「探究」を行う前に身につけている知識やコンピテンス、教師の役割が重要視されている。特に操作①から操作⑤においてこの二点が強調されているので、順を追って見ていきたい。

「コンピテンスの準備」に関しては、歴史教育において目標とされるものと歴史教育において目標から除外されるものとに分けることが主張されている。例として挙げられているのが発見方法論に関するコンピテンスで、これは専門家特有のものであるとされている。それに対して方法学と文献学に関するコンピテンスは歴史教育の目標に組み込まれるべきものである。このことから、ここで使われているコンピテンスという言葉には、歴史学者が「探究」を行う際に発揮する能力という意味が込められていることがわかる。教育目標となりうるコンピテンスは「生徒がコンピテンスをもっているかのように作業できる過

程[15]」を生徒が経験することで習得するものとされている。この過程を作り出すことが教師の役割になる。

「資料以外の知識の獲得」は，歴史学者が日常的に行っている活動であり，「探究」に限定されるわけではない。そのために，教師は生徒の「探究」を行う前に最低限の知識を特定し，子どもに提示することが求められる。また生徒がもっている既有知識を考慮に入れ，それが「探究」にとってどのような影響を及ぼすのかを考慮に入れることも教師の役割であるとされている。

「テーマ化／問題化」は教師の役割が大きく関わる箇所である。「テーマ化」は「探究」の対象を決める操作であり，マットッチィは教師が行うべきものだとしている。それに対して「問題化」は生徒自身が行うものとされている。言い換えると，学習内容を決めるのは教師であり，その学習内容を「探究」していく際の課題を決めるのは生徒ということになる。

「基本的な文献資料の探究と特定」は，専門家と生徒で大きく異なるものだとされている。その違いは，前者が事前に決定されていない資料を読むのに対して，後者は事前に構造化された文献資料を扱うものだとされている。この構造化を担うのが教師の役目となる。

これらの「専門家の探究」と「教育モデル」の対比から，マットッチィは「基礎的な形成のための歴史教育モデル」の特徴を以下のように整理している[16]。

a. いくつかの方法的コンピテンスは前提条件ではなく，目標である。
b. 資料以外の知識を特定・制限する。作業の最初の段階で獲得させる。
c. 文献資料の基礎は，生徒の能力（キャパシティー）との関係および利用できる時間との関係を考慮した形態になるよう，個別化・選別化する。
d. 資料に向けられる問いは事前に手はずを整えられ，それによって推論的な読解の能力が利用され，促進される。
e. テキストの推敲プロセスは特定の方向に向けられる。
f. 自覚を獲得するために，完了した作業および利用した素材（materiali）に関する省察を強く要求する。

これらの項目からは，学習者と歴史学者を同一視するのではなく，歴史学者の「探究」を追体験することを求めていることがわかる。その際に，その状況

を作り出すことに教師の役割を位置づけている。また歴史学者が前提としてもっている能力に着目し、それを教育目標に組み込んでいる点も重要である。

2　歴史教育の到達目標

(1) 到達目標としての「歴史の教養」

　では、初等教育から前期中等教育、そして後期中等教育に進むにつれて、子どもは歴史学者に近づいていくかというと、そうではない。後期中等教育におけるマットッチィの歴史教育論では、「歴史の教養」という概念がキーワードとなっている。1990年の著作『歴史の教養：構築のモデル』(*La cultura storica : Un modello di costruzione*)[17]で示されたこの概念は、「歴史の知識」に代わる歴史教育の目的とされている。

　「歴史の教養」は、「歴史学的な知識のネットワーク」と「(歴史学者が行うような)認知的な操作を行えること」の二つから構成されている。さらに「『歴史の教養』とは、知識に精通すること、(知識が)どのように生み出されたのかを自覚すること、認知的な操作を実行する能力、現在の見通しをもつために知識を使える能力、固有の視点を論述するために知識を使う能力、歴史的な知識を生産するメカニズムを自覚することである」[18]と定義されている。

　「歴史学的な知識のネットワーク」とは、歴史学のテキストを言語的に理解するのではなく、その構造を理解して読むことで生徒の既習知識を含めた知識の間に作られる関係を理解することである。たとえば、産業革命におけるネットワークは、「産業革命＝(機械＋蒸気エネルギー＋機械と工房の集中)＋(新しい生産の組織＋工場の規律)＝工場システム」とまとめられる[19]。

　「歴史学的な知識のネットワーク」を形成する過程において、生徒は大きく二つに分類できる「認知的な操作」を行う。すなわち、歴史学のテキストを読む際に文章の構造に着目して読む操作、歴史学のテキストを含めた歴史の資料から歴史を再構成していく操作である。歴史を再構成するということは、テキストから構造に沿って読み取った情報をもとにして説明をし直すということである。

このような「歴史の教養」という概念は，歴史教育が生徒にとってどのような意味を持ちうるのかという考察から導き出されたものである。それは，学校の中だけではなく，社会に出た生徒の姿をも考察の対象としている。
　マットッチィは生徒が歴史学者であるという前提には立たず，また将来的に歴史学者になることを求めているわけでもない。むしろ，大部分の生徒にとって歴史教育で身についた知識の多くは忘却されるという考えに立っている。生徒に求められるのは，社会に出て新しい知識に出会ったときに，その知識とそれまでもっていた知識との関係を考えて自ら歴史を再構成することであり，その際に必要なのが「歴史の教養」なのである。また社会に生きる多くの人間が，それぞれの問題を解決する過程において，「認知的な操作」を行っていることも述べている[20]。
　「認知的な操作」を行う歴史教育という主張は，マットッチィが初等教育の歴史教育について述べた『歴史のためのカリキュラム』にも見られた。初等教育における「認知的な操作」が「探究」を行う際の基礎的な能力と位置づけられていたのに対して，後期中等教育における「認知的な操作」は，社会に出て必要となる「歴史の教養」として捉え直されている。
　マットッチィは象牙の塔にこもるような歴史学者になることを求めているのではなく，「歴史の教養」を身につけた批判的な市民になることを求めている。それは歴史教育に関わらない象牙の塔の歴史学者を批判した初期の研究から一貫したマットッチィの姿勢である。この「歴史の教養」こそが後期中等教育の結果として，すなわち公教育の中で行われる歴史教育の到達目標としてマットッチィが求めているものである。

(2)「歴史の教養」を身につける授業
　では，「歴史の教養」を身につける歴史の授業はどのように構想されるのか。マットッチィは，これを教師が「歴史学的な知識を分析する段階」，「教室における活動を展開・支援する目的をもって，講義と教材を準備・組織する段階」の二つに分けている[21]。
　前者の段階は，教師が歴史学のテキストを読み，その構造を分析する段階で

表 3-2　歴史の知識における構成要素

過去に由来する		現在に由来する
事実に関する要素	複雑な事実に関する要素	解釈に関する要素
―事実	―摘要	―重要性の付与
―事実に関する情報	――般化	―概念化
―データ		
―データに関する情報	―量的な連なり	―評価
―行為		―評決
―行為に関する情報		―問題に関する仮説
―動作主に関する情報		―説明に関する仮説
―状態に関する情報		―伝達の様態

出所：*La cultura storica：Un modello di costruzione*, p.18 の表をもとに筆者が作成。

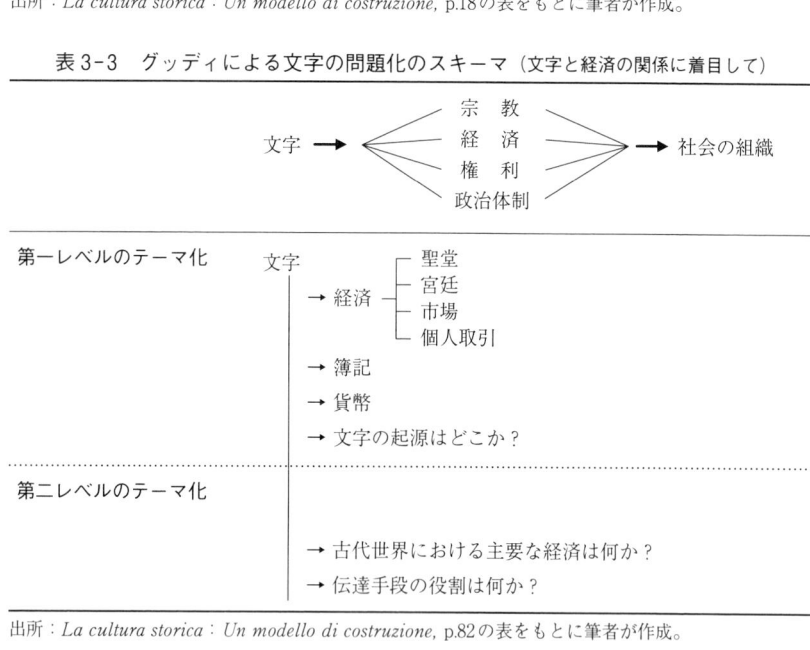

表 3-3　グッディによる文字の問題化のスキーマ（文字と経済の関係に着目して）

```
                宗　教
                経　済
文字 ――→       権　利       ――→ 社会の組織
                政治体制
```

第一レベルのテーマ化	文字
	→ 経済 ─ 聖堂 / 宮廷 / 市場 / 個人取引
	→ 簿記
	→ 貨幣
	→ 文字の起源はどこか？
第二レベルのテーマ化	
	→ 古代世界における主要な経済は何か？
	→ 伝達手段の役割は何か？

出所：*La cultura storica：Un modello di costruzione*, p.82 の表をもとに筆者が作成。

ある。表 3-2 に示すような構成要素に着目し，テキストを分析していく。この構成要素は，歴史学のテキスト分析から導かれたものである。

　この構成要素において特徴的なのは，「事実に関する要素」を過去に由来するものとして扱い，「解釈に関する要素」を現在に由来するものとして扱って

いる点である。そこからは，歴史学のテキストは，現在においてつくられ，解釈されるものだというテキスト観を読み取ることができる。

　構成要素を読み取ると同時に，内容を構造化することも行われる。構造化の際には，「認知マップ」(mappa cognitiva) もしくは「認知スキーマ」(schemi cognitiva) と呼ばれるものが使われる。表3-3は「文字の発明」という単元例に示されている，エルネスト・ペリッロ（Ernesto Perillo）によるジャック・グッディ（Jack Goody）の著作の分析である。

　歴史学のテキスト分析にもとづいて，教師は生徒に与えるテキストを決定する。その際には，生徒がテキストを読めるか，理解できるのかといった点も吟味される。重要なのは，「事実に関する要素」と「解釈に関する要素」[22]の均衡を保つことであるとされる。「事実に関する要素」が乏しいと生徒は理解が困難になり，逆に「事実に関する要素」だけになると生徒は動機を失ってしまうからである[23]。

　後者の段階は，さらに二つに分けられている。生徒に対する診断的評価を行って授業の前提条件を準備する段階とそれにもとづき授業展開を組織する段階である。典型的な授業展開として，「最初の状況の記述 → 最後の状況の記述 → 変化の記述 → 問題の主題化 → 経過の叙述 → 説明の主題化」という展開が示されている[24]。

　授業の展開は，生徒が出来事を順番に学習していくのではなく，まず大きな流れをつかみ，そのうえで問題を立てて説明をしていくという流れになっている。その際には，表3-2で示した構成要素や表3-3で示した「認知スキーマ」が使われると考えられる。

　以上述べてきたように，マットッチィは歴史学のテキストを使ってそれを読み解いていく歴史教育を提起している。その際に，テキストの内容だけではなく，生徒が内容をどのような形で理解すべきかにも触れている。学習者がどのように歴史を学び，どのように理解するのかにこだわる点は，他の論者には見られない彼の特徴である。このような授業のあり方はのちの教員養成論においても繰り返されている。『歴史を学習するための教育』（*Insegnare ad apprendere storia*）[25]の中に収められた論文「形成のための学校—歴史における教授行為」（*Una scuola di formazione. Alla mediazione didattica in storia*)[26]には，師範学校の教員養成カリキュラムに関わった経験から教師の仕事に関する考察が行われている。

　マットッチィは教師の仕事を①伝達するべき知識の準備，②知識と学習準備との対話，③学習への援助の三段階に分けている。②において特徴的なのは，教える知識を構造化することを求めている点で，知識そのものよりもその構造を把握することに重視している。これらの授業を進めるために教師に必要とされるのが，「テキストの構造に関するコンピテンス」，「知識のシステムに関するコンピテンス」，「学習単元の運営」「カリキュラムの計画化における単元の多重性の運営」の四つであり，これが教師の専門性となる。

　ここで特に注目しておきたいのは，教師に求められるコンピテンスとして，評価を行うことを組み込んでいる点である。授業における評価が明確に位置づけられているのは，歴史教育において何を身につけるのかが明確になったためだろう。また授業だけではなく，「歴史に関する形成は，学校内・学校外の文脈，教授行為，他教科といったもので構成される変数の中にある」[27]とあるように，カリキュラムの評価や学校運営の評価までもが想定されている。

小　　括

　本章では，マットッチィの歴史教育理論の特徴を，主にカリキュラム論に着目して明らかにしてきた。

　初等教育のカリキュラム研究では，子どもの理解を基軸にして，知識概念の見直しが試みられている。どのようにして知識が習得されるのかという問いにより，マットッチィは知識の習得と「探究」の相互補完的な関係を見出した。すなわち知識の習得には「探究」を行うことが必要なのであり，「探究」を行う際にはそれまで習得した知識が役立つのである。

　しかし，習得した知識は固定されたものとして捉えられているわけではない。もしくは，習得された知識が個人の中で永遠に保持されることも想定していない。彼が学校教育の到達点として想定したのは，「歴史の教養」であり，それを身につけることで批判的な市民となり，自ら歴史を再構築していくことを求

めている。学校教育が終了した後の学習を見据えた歴史教育という発想は、第2章で取り上げた「探究」の提起においても見られた。「探究」の提唱や教科書の廃棄は、彼の研究の一面に過ぎないことがわかる。

マットッチィの研究は、1979年学習プログラム以降に研究されてきた従来の歴史教育の要素と新しい歴史教育の要素を止揚した歴史教育論を提起したと評価できる。1978年の論文においては曖昧であった教育目標もカリキュラム論の中で明確にされている。一方で教育目標を精選することは、子どもに何を教え、何を身につけさせるのかを確定していくということである。それは、マットッチィの初期の論文の根幹にあった歴史教育における固定と強制の排除という問題意識と矛盾しているのではないだろうか。この問題に対するマットッチィの考えが示されるは、第5章で扱うカリキュラム論争をくぐってからとなる。

1) Ivo Mattozzi, *Il curricolo sommerso* in "I viaggi di Erodoto", n.5, 1988, pp.142-149.
2) *ibid.*, p.148.
3) *ibid.*, p.144.
4) *ibid.*, p.148.
5) *ibid.*, p.148.
6) Hilda Girardet, *Storia, geografia e studi sociali nella scuola elementare*, La Nuova Italia, Firenze 1985.
7) *ibid.*, p.11.
8) Ivo Mattozzi（a cura di）, *Un curricolo per la storia*, Cappelli Editore, Bologna 1990.
9) Jean Piaget, *Biology and Knowledge*, The University of Chicago Press, Chicago 1971, p.6. 英文（Knowing does not really imply making a copy of realty but, rather, reacting to it and transforming it.）
10) Ivo Mattozzi（a cura di）, *Un curricolo per la storia*, p.39.
11) *ibid.*, p.16.
12) *ibid.*, p.16.
13) Ivo Mattozzi, *Che il piccolo storico sia!*, in "I viaggi di Erodoto", n.16, 1992, pp.170-180.
14) *ibid.*, p.171.
15) *ibid.*, p.172.
16) *ibid.*, p.176.
17) Ivo Mattozzi, *La cultura storica : Un modello di costruzione*, Faenza Editrice, Faenza 1990.

18) *ibid.*, p.34.（ ）内は筆者の補足。
19) *ibid.*, p.53.
20) *ibid.*, pp.34-35.
21) *ibid.*, p.36.
22) 「重要性に関する要素」という言い方もなされている。
23) Ivo Mattozzi, *La cultura storica : Un modello di costruzione*, pp.18-19.
24) *ibid.*, p.37.
25) Ivo Mattozzi, Vincenzo Guanci（a cura di）, *Insegnare ad apprendere storia*, Irrsae Emilia-Romagna, Bologna 1995.
26) *ibid.*, pp.9-29.
27) *ibid.*, p.15.

第4章 アントニオ・ブルーサの歴史教育理論
■教科書論から構築される歴史教育

　本章の目的は，アントニオ・ブルーサの歴史教育理論を教科書論，教育目標論，授業論の三点から検討し，その特徴と前章で取り上げたマットッチィの歴史教育理論との違いを明らかにすることである。

　ブルーサは『現代イタリア』には主要な論文を発表しておらず，その理論が影響力をもつようになったのは，Landis（歴史教育のための全国研究所）の中心的なメンバーとなり，イタリア初の歴史教育専門雑誌『ヘロドトスの旅』の編集長を務めてから，すなわち1985年学習プログラム改訂以後である。

　イタリアの先行研究を見ると，ブルーサの著作で最初に引用されるのは，1985年に出版された『歴史教科書の指導書―中等学校教員用』(*Guida al manuale di storia. Per insegnanti della scuola media*)[1]である。この著作を貫くのは，教科書「を」教えるのではなく，いかにして教科書「で」教えるのかという問題意識であり，教科書の存在そのものを否定するマットッチィの考え方とは対極に位置したものであった。この後も歴史教科書論はブルーサの歴史教育理論の中核的な位置を占め続ける。彼は南イタリアのバーリを拠点としており，北部を中心にして進められていた歴史教育研究からは少し離れた位置に存在した。また教師という立場からマットッチィを批判したグアラッチーノの研究にたびたび言及しており，「教育可能性」を重視する立場も共有している。

　本章では，『歴史教科書の指導書』に合わせて，1991年に出版された『歴史の教科書』(*Il manuale di storia*)[2]，『歴史の学習プログラム』(*Il programma di storia*)[3]，『歴史のラボラトーリオ』(*Il laboratorio di storia*)[4]を扱う。1991年に出版されたこの3冊を，まとめて三部作と呼称する。これらを検討することで，ブルーサの歴史教育理論全体を明らかにしていく。なお出版は同時ではなく，上述した順番で出版された。最初の本が『歴史の教科書』であるということは，教科書論を中核に置くブルーサの歴史教育理論の特徴をよく表している。

1　ブルーサの歴史教科書論

(1) 実践における歴史教科書の位置づけ

『歴史教科書の指導書』は，ブルーサにとって最初の単著であり，彼の研究の原点であるといえる。この本の性格は，「生徒の中にある固有の能力が発揮される実践の全体像と教師がそうした仕事を達成するためのknow howという歴史教育の教育技術に焦点化する」とブルーサ自身が述べているように，歴史教育の原理を示したものではなく，授業をいかにして成立させるのかという点に主眼が置かれている。

この著作を貫くのは教科書「を」教えるのではなく，いかにして教科書「で」教えるのかという問題意識である。ではなぜ教科書なのかというと，それが生徒にとって「一般的な道具」だからである。そして「実践の大部分は，イタリアの中学校に流通している教科書のために考えられている」とも記されている通り，ラディカルな改革を求めるのではなく，日々の授業に根差した漸進的な改革を求めている。この序章にある「ここがロドス島だ，ここで跳べ」(*Hic Rhodus, hic salta*)という言葉は，改革は日々の授業においてこそ始められなければならないとする彼の問題意識を明確に示した言葉であろう。なおイタリアでは日本のように国による教科書の検定は存在しない。しかし，教科書は常に歴史教育における主要なテーマであり，それは現在までも続いている。

では，教科書「を」どのように使って授業をしていくのだろうか。ブルーサが重視しているのは教科書「を」読むことであり，その授業過程は図4-1のように構築される。授業過程は「選択的読解」(lettura selettiva)，基礎的な操作(operazioni di base)，シミュレーションのゲーム(giochi di simulazione)の三段階に分かれる。

「選択的読解」は教科書から情報を抽出する作業であり，図4-2は索引カードの例である。左側の穴は，カードをファイルに綴じるためのものである。また，引用を記すようにしている点から，教科書を資料として扱うスタンスを見て取ることができる。

第4章　アントニオ・ブルーサの歴史教育理論

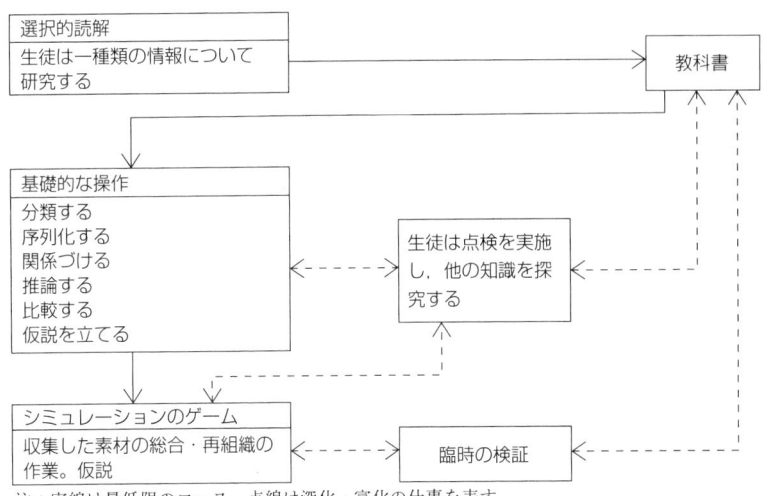

図4-1　教科書を使った授業過程

```
選択的読解                              → 教科書
生徒は一種類の情報について                  ↑ ↑
研究する                                   ┊ ┊
  ↓                                       ┊ ┊
基礎的な操作                               ┊ ┊
分類する           ←--→ 生徒は点検を実施 ←--┘ ┊
序列化する              し，他の知識を探       ┊
関係づける              究する                ┊
推論する                  ↑                  ┊
比較する                  ┊                  ┊
仮説を立てる              ┊                  ┊
  ↓                      ┊                  ┊
シミュレーションのゲーム    ┊                  ┊
収集した素材の総合・再組織の ←--→ 臨時の検証 ←--┘
作業。仮説
```

注：実線は最低限のコース，点線は深化・富化の仕事を表す。
出所：*Guida al manuale di storia. Per insegnanti della scuola media*, p.17の図をもとに筆者作成。

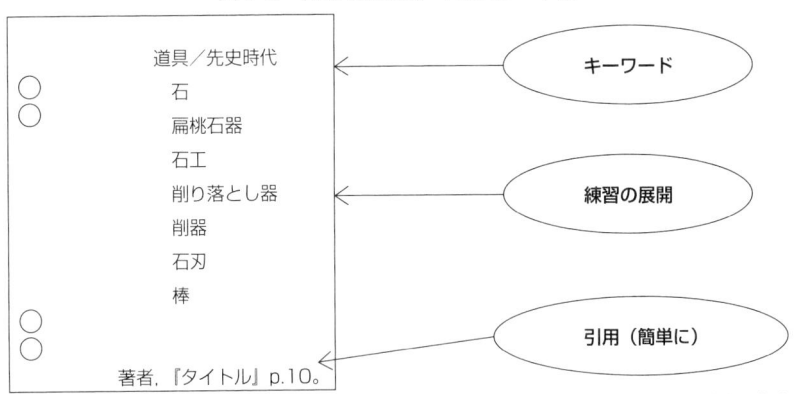

図4-2　「選択的読解」の索引カード例

```
        道具／先史時代      ← キーワード
○         石
○         扁桃石器
          石工
          削り落とし器     ← 練習の展開
          削器
          石刃
          棒
○
○
   著者,『タイトル』p.10。  ← 引用（簡単に）
```

出所：*Guida al manuale di storia. Per insegnanti della scuola media*, p.19の図をもとに筆者が作成。

「選択的読解」のイメージは，『歴史教科書の指導書』の表紙（写真4-1）を見るとそのイメージをつかむことができる。写真4-1に見られる「5.アテネ」という表題の文章には，重要と思われる名詞に線が引かれている。すなわちア

81

写真 4-1 『歴史教科書の指導書』の表紙（一部）

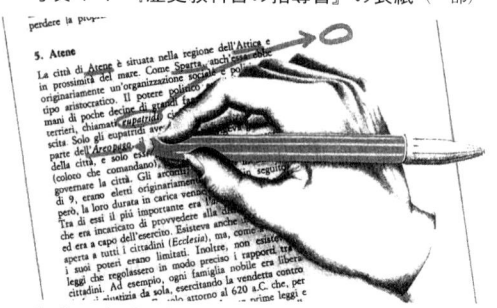

出所：*Guida al manuale di storia, Per insegnanti della scuola media.*

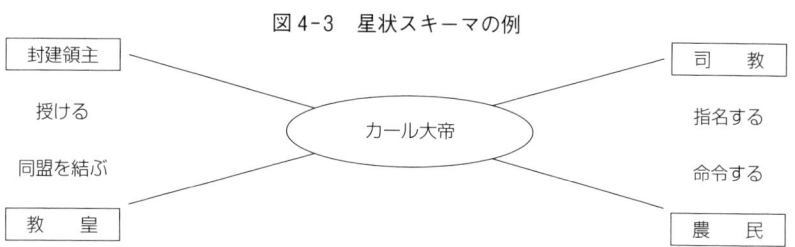

図 4-3　星状スキーマの例

```
封建領主                              司　教

 授ける                               指名する
            カール大帝
 同盟を結ぶ                            命令する

 教　皇                               農　民
```

出所：*Guida al manuale di storia. Per insegnanti della scuola media*, p.59 の図をもとに筆者が作成。

テナイ（Atene），アッティカ（Attica），スパルタ（Sparta）といった地名，古代ギリシャの世襲貴族を指すエウパトリデス（eupatrids）と古代アテナイの政治機構であるアレオパオス会議（Areopago）といった固有名詞が情報として抽出されている。

　こうした「選択的な読解」によって得られた情報を用いた「基礎的な操作」では，「分類する」「序列化する」「関係づける」「推論する」「比較する」「仮説をたてる」といった作業を行って整理をしていく。ここで注目しておきたいのは，情報のまとめ方である。特に彼が「星状スキーマ」（schema a stella）と呼ぶ情報のまとめ方は，ブルーサの歴史に対する認識を現している。たとえば，中世ヨーロッパのフランク王国のカール大帝に関する情報は図4-3のようにまとめられる。

　このような情報の整理の仕方は，歴史を「AがあったらからBがある」という単純な因果関係で捉えるのではなく，「AはB，C，D，Eと関係があった」

82

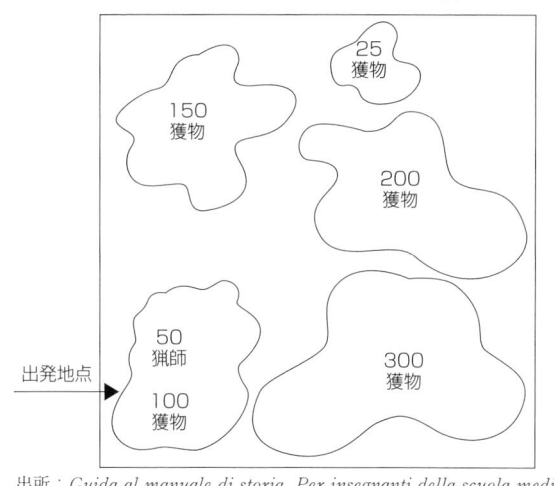

図4-4 シミュレーションのゲームの例

[図：領域内に「25 獲物」「150 獲物」「200 獲物」「300 獲物」「50 猟師／100 獲物」が配置され、「出発地点」から矢印で「50 猟師／100 獲物」の領域を指している]

出所：*Guida al manuale di storia. Per insegnanti della scuola media*, p.112.

というように複雑な関係の中で捉えようとするものである。単純で大きな物語として歴史を捉えるのではなく，重層的で複雑なものとして歴史を捉えようとする考え方が表れている。

「シミュレーションのゲーム」は「事実，規則の獲得の深さを検証するため」とされ，「生徒は自由に主題に関する能力を実行・披露できる」とされている。[7]授業過程の図からもわかるとおり，単元の最後に位置づくものであり，まとめ的な意味合いが強いと考えられる。例（図4-4）では，「すべてのテリトリーを使い尽くすまでどれくらいの時間がかかるのか」という問いに対するシミュレーションが挙げられている。生徒は猟師（ccacciatori）となり，出発地点（partenza）のテリトリーから始めて獲物（prede）を捕えていく計算を行う。これらは，狩猟形態から遊牧形態への移行を理解するのに使われる。

以上，見てきたように『歴史教科書の指導書』では教科書を読むことで教科書の情報を自らの手で分解し，自分なりに再統合することが求められている。つまり，教科書を権威的なものとみなすのではなく，一つの資料としてみなし扱っていくことをブルーサは求めているといえる。

83

（２）歴史教科書原論

　『歴史教科書の指導書』が日々の授業に焦点づけられたものだとするならば，三部作の一つ『歴史の教科書』は原論ともいうべき論考である。先述したとおり，三部作では最初に出版された著作であり，そのことがブルーサの歴史教育論における歴史教科書の重要性を意味している。

　既存の教科書をどのように活用していくのかについて考察した『歴史教科書の指導書』と違い，『歴史の教科書』は教科書自体を考察の対象とし，新しい教科書の形を構想している。まず教科書をどのように捉えるのかということについて，アーサー・マッケン（Arthur Machen）の『輝く金字塔』（原題：*The Shining Pyramid*）から以下のような文章を引用している。

　「君にはっきりしたことを言わないのは，まだ確かなことが言えないからなんだ。つまり青書みたいに退屈で確実で落ち度のない白黒きっぱりつけられる材料がないからなんだ。」[8]

　青書（ブルーブック）とは，英国で議会等に提出する報告書である。もちろんこれが歴史教育研究において批判の対象となってきた教科書の隠喩である。この隠喩には旧来の教科書がもつ長所と短所が含まれており，長所としては明快性，確実性，信頼性，一定の可能性，短所としては予想外のことと「探究」を殺す，読み手を退屈させることが挙げられている。つまり，教科書を使うことには利点もあるのである。教科書が悪いのではなく，教科書の使い方が悪いと考えるのは『歴史教科書の指導書』にも共通する考え方であり，「教科書が非教育的なのは，それが悪いことをしたからなのか，それが教科書だからなのか」[9]という問いは，ブルーサの一貫した問題意識である。

　ただし，この本では旧来の教科書に甘んずるのではなく，新しい教科書の形が構想されている。要素として挙げられているのは，「テキスト」（testo），「図像」（icongrafia），「索引カード」（schede），「用語解説」（glossari），「練習」（esericitazioni），「市民教育」（educazione civica），「地理カード」（carte geografia），「活動」（attività）である。[10]『歴史教科書の指導書』と比較した場合，「市民教育」が新しい要素として加わっている。「市民教育」は「類似や一致を通して，現代世界と学習した世界の側面の関係について，報告・問題化する」と

84

されている。現代の問題を明らかにするために歴史を見るというランベルティらが主張していた流れとは逆で，学習した内容を活かして現代の問題を明らかにすることを求めている。なおこれらの要素は第6章で検討するブルーサが編集した教科書に盛り込まれている。

『歴史の教科書』での主張の中で『歴史教科書の指導書』にないものとして注目しておきたいのが，「ハイパーテキスト」(ipertesto) という概念と学習内容の提案である。「5．限定されたものからハイパーテキストへ」で示されている「ハイパーテキスト」という概念は，もともとリンク等によって複数のテキストを関連づける仕組みであり，普通のテキストがもつ線形性を克服しようとするものである。パソコンのヘルプなどが「ハイパーテキスト」を例として挙げられる。教科書に「ハイパーテキスト」を採用した場合，教科書は様々なネットワークの集合体となり，それを外部のネットワークとつなぐことができれば，限定されたものというこれまでの教科書への批判を退けることができる。この構想は後に彼が出版する教科書によって実現される。

もう一つは，学習内容の考え方を変えたことである。ブルーサは，教科書には「一般史」が書かれるべきだと主張する。「一般史」の重要性を主張する点はグアラッチーノと同様である。そして，新しい時期区分として「共生」タイプの社会，農業社会，工業社会の三つを想定し，そこから内容を考えるように主張している[11]。この枠組みは第5章で取り上げる歴史カリキュラム論争においても，大きな影響力をもった。

以上見てきたように，教科書の短所に着目するのではなく，教科書の長所に着目することがブルーサの理論における特徴であるといえる。この考え方からも対立軸の止揚を目指したグアラッチーノの影響を見て取ることができる。

2　ブルーサの教育目標論

(1) 学習プログラムの位置づけ

『歴史の学習プログラム』は，1991年に出された学習プログラムに関する研究書である。この本が出版された1990年代初頭のイタリアでは，前期中等教

育の1979年学習プログラムと初等教育の1985年学習プログラムが公布されたことで，歴史学に関することを学習することが共通合意となった。『歴史の学習プログラム』は，これらの学習プログラムを踏まえて出版された。その内容や文体を見てみると，研究書というよりは教師向けの指導書といった趣である。明示はされていないものの，前期中等教育の1979年学習プログラムの記述を念頭に置いた構成になっている。この本は，大きく二つに分かれている。そもそも学習プログラムとは何かということについて述べた前半部分と，学習プログラムを実際に解釈している後半部分である。それぞれについて見ていきたい。

　歴史教育の教育目標を提起する学習プログラムを考える際に，誰がその作成者でありえるのかという問題がある。前述したマットッチィらの研究は，歴史教育が国家のイデオロギーを浸透させていることを指摘し，問題としていた。それに対して，ブルーサは学習プログラムの作成者は国家（Stato）であるべきであるという見解を示している。[12] これは歴史教育を国家による統制から引き離そうとしたそれまでの研究とは方向性が異なっている。予想されるであろう「抑圧的である，自由がない」という反論に対して，国家の役割を公教育における歴史教育の概略を示すことに限定することによって，日々の授業実践に関わる教師の指導や教材・教具への国家の介入を限定できると主張している。[13]

　このように日常の実践の領域と国家による政治的領域とを別の論理で考えようとするのは，ブルーサの歴史教育理論の大きな特徴といってよい。前述したように，マットッチィが教科書をイデオロギー的であると批判したのに対して，ブルーサは教師の実践にとって有用な道具となりえるという観点から，教科書を積極的に使っていこうとする立場を取っている。

　ただし，このような立場は学習プログラムと歴史教育研究がある程度歩調を合わせていた時代であったからこその理論であるといえる。学習プログラムの考え方が変化したときにどのように対応すべきなのかは，ここでは明らかにされていない。

（2）教育目標の三層

　では国家の制定する学習プログラムに示された教育目標とはどのようなもの

なのであろうか。ブルーサは本の終章「結論」において，学習プログラムから歴史教育の目標として求められている能力を三つの層に分類している。すなわち「時間に関する能力」(abilità temporale)，「ラボラトーリオの能力」(abilità di laboratorio)，「考察の能力」(abilità di ragionamento)[14]の三つである。

注目したいのは，歴史教育の目標を領域概念ではなく，能力概念として捉えていることである。ブルーサは，「内容から能力へ」(dai contenuti alle abilità)という言葉でこの転換を表している。すでに1987年の論文では，目標を達成するためにはどのような歴史的な事象が必要なのかを考えるべきであると述べている[15]。それは，教育目標と学習内容を明確に区別する考え方であると言い換えられる。

目標の第一層として位置づけられているのが「時間に関する能力」である。「時間に関する能力」とは，時間の流れをつかむことができる能力である。ブルーサの説明によると，「時間」を学習することは歴史上の出来事を覚えていくこととは異なる。必要なのは時期を捉えることであり，そのためには社会・文化・技術といった側面からその時期を捉える必要がある。「時間に関する能力」は，そうした時期の特徴を捉え，異なった時期の比較をすることで獲得されるものである[16]。

第二層として位置づけられているのが，「ラボラトーリオの能力」である。「ラボラトーリオ」とは第2章で述べたように，ランベルティが提起した概念である。ブルーサのいう「ラボラトーリオの能力」とは，歴史学者が仕事をする際の基礎的な能力を指している。

そして第三層として挙げられているが「考察の能力」である。ここでいう考察とは，もちろん歴史的な考察を指している。歴史的に考察することは，「概念を操作し，定義し，分類し，関係づけることに熟達するなかで，歴史を考えること」[17]であるとされる。

まとめると，「時間に関する能力」は歴史を認識するための能力であり，「ラボラトーリオの能力」は歴史を「探究」するための能力である。「考察の能力」は，前二者を踏まえたうえで分析・統合するというより高次な能力であるといえるだろう。

87

3 ブルーサの授業論

(1)「文献資料の概念」

　1979年学習プログラムと1985年学習プログラムに歴史学について学ぶことが言及されたため，イタリアの学校ではこれをどのように行うかが課題となった。『歴史の学習プログラム』の後に出版された『歴史のラボラトーリオ』は，学校で行われる歴史の「探究」を活動ではなく教育目標としてどのように位置づけるのかが述べられている。

　ブルーサは，歴史の「探究」に必要な「文献資料の文法」(grammatica dei documenti) として次の四つを提案している。すなわち，「文献資料の概念」，「素材の選択」，「素材に対する尋問・解釈」，「取り出した情報の活用」である[18]。これらは前節で述べた「ラボラトーリオの能力」をより詳細に表したものであるといえるだろう。「文献資料の文法」の最初にくる「文献資料の概念」は，文献資料がどのような性質をもつものなのかを理解することである。ブルーサは歴史学の作業の主要な段階として，「文献資料の選択」，「読解・情報の探究・解釈」，「話の起草と知識の活用」を挙げており[19]，「文献資料の概念」は歴史教育独自の段階である。なぜならば，文献資料とは何かを歴史学者は作業を始める前から理解しているからである。

　ブルーサが「文献資料の概念」を重視するのは，二つの理由からであると考えられる。一つ目は，生徒が持つ素朴な概念と大きく異なるからである。ブルーサは，素朴な概念を「歴史の一般的な感覚」とし，生徒に身につけさせたい「文献資料の概念」を「歴史の概念」として表4-1のように整理を行っている。両者の対比から見えてくるのは，文献資料を扱う人間の存在である。生徒は，文献資料を作成した人間を想定するとともに，文献資料を扱う自らを意識することを求められている。この「文献資料の概念」は，実際に文献資料を扱って作業を行っていくうえでも重要となる。

　二つ目の理由は，『歴史のラボラトーリオ』において表明したブルーサの立場である。それは1990年代までの歴史教育研究の対立を教科書と文献資料と

表4-1 「文献資料の概念」の対比

歴史の概念	歴史の一般的な感覚
文献資料は歴史学者によってつくられる	文献資料はそれ自身で存在する
文献資料は形跡である	文献資料は現実の写しである
文献資料は作者と目的をもっていた	文献資料は時間も文脈ももたない物体である
文献資料は物質的な対象(何かの事実)である	文献資料は深さをもたないイメージである
文献資料は伝達される	文献資料は歴史をもたない
文献資料は時間と人間によって精選される	文献資料は過去の偶発的な遺物である
文献資料は尋問される	文献資料は自律的に証拠を示す
文献資料は多義である（様々な歴史に役立つ）	文献資料はテキストが複製するものを実証することのみに役立つ

出所：*Il laboratorio storico*, p.28-29の記述をもとに筆者が作成。

の争いであったとみなし，両者を止揚しようとする立場である。前述したとおり，ブルーサは1985年の著書『歴史教科書の指導書』において，すでに歴史教育における教科書の有用性を主張してきた。「文献資料の概念」を重視するのは，文献資料を絶対視するのではなく，教材・教具の一部としての位置を与えようとしているからだと考えられる。教科書と文献資料，そして教師と生徒の関係は，図4-5のように表される。

この図の構成要素に着目すると，「生徒」は，「教師の知識」，「教科書で言及された知識」，「文献資料」の三つから知識を得ることになる。伝統的といわれた歴史教育は「教科書で言及された知識」を覚えることであったので，「生徒」

図4-5 文献資料と教科書の関係

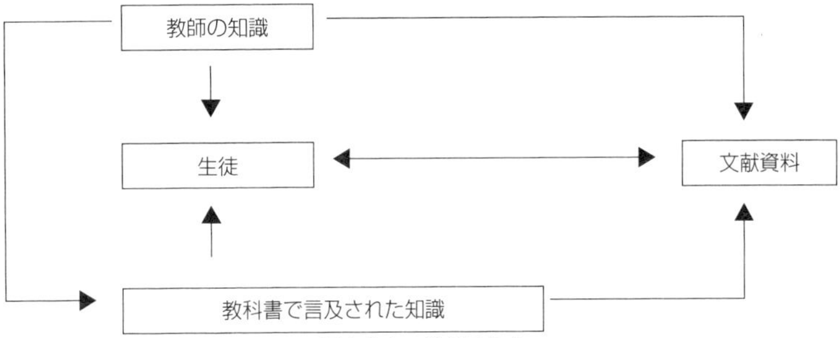

出所：*Il laboratorio storico*, p.24の図をもとに筆者が作成。

に知識を与えるものが三つに増えていることになる。「教師の知識」と「教科書で言及された知識」とを別個に捉えていることも特徴的である。

構成要素間の矢印に着目すると,「生徒」と「文献資料」との関係のみが双方向となっている。「生徒」から「文献資料」への方向は,「生徒」の働きかけによって知識を得るということを示している。それに対して,「教師の知識」・「教科書で言及された知識」と「生徒」との関係は一方向である。しかし,「文献資料」を媒介とすることで,その関係は双方向となる。つまり文献資料は,生徒自らが歴史と能動的な関係をもつ際に重要な役割を占めているといえる。

(2)歴史の「探究」の過程

「文献資料の概念」が知識の理解を求めているのに対して,「素材の選択」,「素材に対する尋問・解釈」,「取り出した情報の活用」は,具体的な「探究」の際に働く能力である。

「素材の選択」は,「『選択する』ものを問うとき,その活動は同時に他の操作を行うことを拘束する[20]」とされているように,重要な位置が与えられている。歴史の「探究」における選択を重視する考え方は,これまでも述べてきたようにフランスのアナール学派の影響だと考えられる。ただし,歴史学の場合は課題を設定するのが歴史学者自身であるのに対して,ブルーサの構想する歴史教育では教師によって子どもに課題が与えられる。例として次のような課題が挙げられている。

「宗教の歴史学者であることを想像してください。ローマ世界の信仰について記述しなければなりません。教科書にある模写されたイラスト(図像学の文献資料)から,あなたの作業に有用なものを選びなさい[21]」

ここには,生徒が個人の課題を自発的にもつという考え方ではなく,特定の能力を保障するためにふさわしい課題を教師が選択するという考え方を読み取ることができる。

「素材に関する尋問・解釈」は,さらに「読む」・「尋問する」・「解釈する」という三つの能力によって定義されている。「読む」という能力が設定されているのは,「素材に関する尋問・解釈」が文献資料を読めるということを前提

第4章　アントニオ・ブルーサの歴史教育理論

として成り立っているからである。「読む」能力の育成する場合は教科書を使うと良いとされ，「尋問する」・「解釈する」の育成は文献資料によってなされるとされている[22]。ここにも，文献資料と教科書の関係が言及されている。

「尋問する」は，決まった情報をテキストから抜き出す行為である。表4-1を参照すれば，文献資料は「自律的に証拠を示す」わけではなく，働きかける必要がある。図4-5に示した児童・生徒から文献資料への働きかけを「尋問する」は示しているといえる。

「解釈する」は，「尋問する」ことによって取り出した情報を吟味することである。そのために，表4-1にある「文献資料は作者と目的をもっていた」ことを意識する必要がある。ブルーサはそのために，「読解の際に，資料作者とその目的を考慮する」能力，「読解の際に，物と文化に関する文脈を考慮する」能力，「読解の際に，資料の選択という要因を考慮する」能力，「文献資料の解釈の際に，すでに行った解釈を考慮する」能力を求めている[23]。

「歴史の文法」の最後に位置づく「取り出した情報の活用」は，文献資料とテキスト，もしくは文献資料と教科書をつなぐ役割を果たす。そのために「教師は，前もってテキストのいくつかの言葉や表現を強調しておく。児童・生徒は，それらを図像学の文献資料と関係づける[24]」といった課題も例示されている。

この作業の場合，文字ではない文献資料をどのように表現するのかを学ぶとともに，テキストが文字ではない文献資料から作成されていることを理解することにもなる。「取り出した情報の活用」は歴史を「探究」するための能力であるものの，歴史を認識する際にも働くことがわかる。同様に「文献資料の概念」，「素材の選択」，「素材に対する尋問・解釈」も，テキストがどのように作成されるのかを理解するうえで重要であると思われる。

「素材の選択」，「素材に対する尋問・解釈」，「取り出した情報の活用」は，歴史学者が行う「探究」の過程を能力として取り出したものである。ここから，ブルーサが歴史教育における教育目標を設定する際に歴史学の成果を参照するのではなく，歴史学者が行う活動そのものを参照していることがわかる。

これまで述べてきたような「歴史の文法」を身につけることにより，「生徒は批判的な文献調査という自覚を成熟させ，未来に出会う歴史の知識を評価で

91

きるようになる。まさにオルタナティブな歴史を生産するようになる（他の言葉では「歴史を実践する」）[25]。ここでも「歴史の文法」は、自ら歴史を形成するための能力であり、歴史を認識する際にも働くものとして想定されていることがわかる。

(3) 量的資料の優位性

　これまで述べてきたことからもわかるように、ブルーサの歴史教育論においては、授業においてそれが実行可能であるのかどうかという視点が常に存在している。

　では、『歴史のラボラトーリオ』で想定されている前期中等教育の生徒が教科書ではない歴史の資料を読んで「探究」を進めていくことができるだろうか。可と考えるのはいささか楽観的であり、ブルーサの考えは不可である。そこでブルーサが薦めているのが、量的資料（documenti quantitativi）である。例としては、イタリアの人口統計、服飾産業のデータなどが挙げられている。このような資料の取り扱いならば、歴史学者の作業に近いものが実行可能であるとしている[26]。量的資料に関わる作業は表4-2のような段階を踏む。行っている作業は、上記に挙げた「歴史の文法」と大きくは変わらない。

　このような量的資料を使った歴史研究もアナール学派にその源流を求めることができる。そもそも経済史を明らかにするために統計資料等は初期から用いられており、その後は人口統計の資料なども活用されるようになった。竹岡敬温によれば、その走りはルイ・アンリー（Louis Henry）らによって始められた教会の教区簿を使った研究であり、後に歴史人口学と呼ばれる分野となる[27]。日本においては、宗門人別改帳が使用され、速水融や中内敏夫が同様の研究を行っている[28]。

　教区簿や宗門人別改帳が資料としてもつ歴史学的な価値は、同質のデータを長期に渡って比較することができることである。ブルーサの場合、量的な資料を使うのはあくまでも授業において「探究」が実現しやすくなるという理由からである。

表 4-2　量的資料の検討手順

a. 資料の信頼性を吟味する

	概算	正確
過小評価する		
過大評価する		

b. 情報を抽出するために，データを取り扱う
　・合併する・解体する
　・関連付ける
　・転写する
　・ダイアグラム同士を関連付ける
　・データを変形する
c. 抽出した知識を評価する
　・同質のデータと比較する
　・現代のデータと比較する
　・データの文脈化

出所：*Il laboratorio storico*, pp.50-54 の記述をもとに筆者が作成。

小　括

　本章では，ブルーサの歴史教育理論を教科書論，教育目標論，授業論を手掛かりに明らかにしてきた。

　まず，ブルーサが歴史教科書をどのように捉えているのかを明らかにした。教科書を使用するべきなのか否かという問いは，教科書は「探究」を行う際の資料足り得るのか否かという問いに置き換えることができる。マットッチィは教科書という枠組みが生徒の「探究」を固定化し，閉じられた歴史教育になることを危惧していた。それに対してブルーサは「ハイパーテキスト」という概念を持ち出し，開かれた教科書の形を構想している。

　次に，ブルーサが学習プログラムをどのように解釈し，教育目標をどのように整理しているのかを検討した。その結果，ブルーサが設定している教育目標は，「時間に関する能力」，「ラボラトーリオの能力」，「考察の能力」の三つであり，その大枠を国家が設定することで，日常的な実践の領域と国家を切り離そうとしていることを明らかにした。

　そして，「ラボラトーリオの能力」について，より詳細な検討を行った。ラ

ボラトーリオの能力は,「歴史の文法」と言い換えられ,その具体的な中身は「文献資料の概念」,「素材の選択」,「素材に対する尋問・解釈」,「取り出した情報の活用」の四つである。そして「歴史の文法」は,生徒が新しい歴史を評価し,オルタナティブな歴史を生み出していくものとして位置づけられていることを明らかにした。

　まとめると,ブルーサの歴史教育理論は,様々な歴史を受容する際に必要な「時間に関する能力」,自ら歴史を生み出す「ラボラトーリオの能力」,それらを総合する「考察の能力」を一貫して基盤としている。そして能力の定義が学習内容の選択基準となっているのである。

　最後に,マットッチィの歴史教育理論とブルーサの歴史教育理論の異同について考察したい。まず教科書を使うのか・使わないのかという対立は,「探究」を行う際の資料として教科書をみなすことができるのか・できないのかという対立に置き換えることができる。教科書を資料とみなす実践を提起したブルーサに対して,マットッチィはあくまでも教科書の廃棄を訴える。ただし,マットッチィは歴史学者の文献を資料として用いることは許容している。歴史学者の文献を資料として用いることは,教師に自由を与える代わりに高い専門性を要求する。それに対して,ブルーサの目指す方向性は最初の著作が示すとおり教育技術に焦点を当てた考え方であり,万人が同じように実践できることを目指している。このことから,教科書を使うのか・使わないのかという対立は,どのような教師像を想定するのかの違いとも捉えることができる。

　第3章と第4章を通じて明らかになったマットッチィとブルーサの歴史教育理論における対立点は,歴史を発展的な史観でみるのかどうかという違いでもある。マットッチィはどの時代を捉えるとしても難度に差はなく,子どもの理解を考慮に入れれば,近現代史の学習が容易であるという立場に立つ。一方でブルーサは発展的な史観に立ち,人類社会は単純な形態から複雑な形態へ移行しているとみなしている。この対立は,学習内容の系統性を考える際に子どもの理解に即して系統性を考えるのか,歴史の発展史観にもとづいて系統性を考えるのかという対立と置き換えることができる。

　以上のような対立がある一方で,「探究」という漠然とした概念を歴史学者

の作業過程を分析することで整理し,それを教育目標として分類していくという方向性は両者ともに共通している。これ以降のカリキュラム研究では,マットッチィが使った「操作」という言葉が用いられるようになる。

1) Anonio Brusa, *Guida al manuale di storia. Per insegnanti della scuola media*, Editori Riuniti, Roma 1985.
2) Antonio Brusa, *Il manual di storia*, La Nuova Italia, Scandicci (Firenze) 1991.
3) Antonio Brusa, *Il programma di storia*, La Nuova Italia, Scandicci (Firenze) 1991.
4) Antonio Brusa, *Il laboratorio storico*, La Nuova Italia, Scandicci (Firenze) 1991.
5) Anonio Brusa, *Guida al manuale di storia. Per insegnanti della scuola media*, p.11.
6) *ibid.*, p.11.
7) *ibid.*, p.16.
8) Antonio Brusa, *Il manual di storia*, p.7. 日本語訳はアーサー・マッケン・南條竹則訳『輝く金字塔』国書刊行会,1990年,p.38を引用。
9) Antonio Brusa, *Il manual di storia*, p.8.
10) *ibid.*, p.33.
11) *ibid.*, p.46.「共生」は原文では〈〈simbiotico〉〉。
12) Antonio Brusa, *Il pragramma di storia*, pp.16-17.
13) *ibid.*, pp.16-17.
14) *ibid.*, p.58.
15) Antonio Brusa, *Quali contenuti in quali tempi e con quali obiettivi*, in "I viaggi di Erodoto", n.1, 1987, p.143.
16) Antonio Brusa, *Il programma di storia*, p.40.
17) *ibid.*, p.50.
18) Antonio Brusa, *Il laboratorio storico*, p.27.
19) *ibid.*, p.22.
20) *ibid.*, p.27.
21) *ibid.*, p.27.
22) *ibid.*, p.37.
23) *ibid.*, p.39.
24) *ibid.*, p.45.
25) *ibid.*, p.24.
26) *ibid.*, p.50.
27) 竹岡敬温『「アナール」学派と社会史―「新しい歴史」へ向かって』同文館,1990年,p.173。
28) 日本における研究動向は,以下の著書に解説されている。速水融『歴史人口学で見た日本』文藝春秋,2001年。

第5章 歴史カリキュラム論争における論点
■歴史教育における能力観の転換

　本章の目的は，2001年に起こった歴史カリキュラム論争を検討することで，歴史教育理論の新たな展開を明らかにすることである。
　この2001年の歴史カリキュラム論争は1978年のマットッチィ論文を契機として発展してきた歴史教育研究に初めて異議が唱えられたものである。1990年代までの研究成果が学習プログラムに集約されようとした前段で発生したこの異議によって，歴史教育研究はそれまでの理論を見直していく必要に迫られた。その結果，批判に答えるという形でこれまでの研究が見直されたり，自明の前提とされていたことに再検討が加えられたりすることとなった。それらを明らかにするために，まず歴史カリキュラム論争のきっかけとなったカリキュラム案が作成されるに至る過程を明らかにする。続いて，カリキュラム案に対する批判とその批判にもとづいたカリキュラム案を検討し，それに対するイーボ・マットッチィとアントニオ・ブルーサの応答を明らかにする。
　この時期において，マットッチィやブルーサによって理論構築されてきた「操作」を行う歴史教育と，「操作」に必要な能力を教育目標として抽出してカリキュラムを構築していくという方向性は一定の合意を得ていた。それに対して，2001年に起こった歴史カリキュラム論争では学習の対象を何におくのかという点が争われた。この論争については，日本語に翻訳されたルイージ・カヤーニ (Luigi Cajani) の論文「コスモポリタニズム・ナショナリズム・ヨーロッパ主義」[1]と論文「イタリアの学校における世界史カリキュラム」(*A world history curriculum for the Italian school*)[2]，マットッチィの論文「教えるべき新たな歴史に関する考察」(*Pensare la nuova storia da insegnare*)[3] などにその一部が紹介されている。カヤーニやマットッチィによれば，学校教育に世界史という観点を盛り込むかどうかがこの論争の争点である。
　しかし，この論争には政策的な要素が強く，むしろ公教育における歴史教育

の役割が問われた論争であるともいえる。カリキュラムの具体的な中身を検討しながら，その点についても考察していきたい。

1　「垂直カリキュラム」の提案

(1)提案に至る前提

　後期中等教育から前期中等教育へと「探究」の前提を探っていく議論は，初等教育から後期中等教育まで一貫したカリキュラムの必要性を認知させた。一貫したカリキュラムは「垂直カリキュラム」と呼ばれ，1980年代後半以降，歴史教育の重要な研究テーマになる。そもそもイタリアでは，国のカリキュラムを示す学習プログラムが初等教育・前期中等教育・後期中等教育でそれぞれ異なる時期に異なった形式で作成されており，一貫したカリキュラムは存在しなかった。そのために，試案という形で様々なカリキュラム案が公教育の枠を超える形で作成されることになったのである。

　ここでカリキュラム案作成の担い手となったのが，全国規模の歴史教育研究団体である。団体には研究者や歴史教師が参加し，活発な議論が交わされた。この時期は，歴史教育専門雑誌『ヘロドトスの旅』が創刊され，歴史教育研究の理論書が多数出版されるなど，歴史教育研究が歴史学の範疇から脱し，固有の研究分野として認知されるようになった時期でもあった。

　カリキュラム案の作成は1990年代以降も続けられた。1996年に政権を奪取した中道左派政権が教育改革を志向したことも，研究を加速させた大きな要因である。中道左派政権が複線型である後期中等教育を見直し，すべての学校段階のカリキュラムを一斉に改定しようとしたことで，カリキュラム案は公教育において実現される可能性をもつことになったのである。その集大成として，2000年に民間研究団体の試案であるカリキュラム案が発表される。以下，それに至る1990年代の動向を追っていこう。

　まず重要なのが，第1章で述べた1996年11月4日付の共和国大統領令第682号である。これによって，歴史科の最終学年における学習内容が一律1900年代になることになった。歴史カリキュラム論争において発表される異なる立

場のカリキュラム案においても，すべて最終学年を1900年代にしており，現代史の重視という方向性には一定の賛同が得られていたことがわかる。

次に，後のカリキュラム論争において議論の焦点となる世界史という概念が提起された。これは，ブルーサによる提起である。前章で明らかにしたように，ブルーサは農業社会への移行と工業社会への移行を転機とした人類史という学習内容を提起していた。それに加えて，1997年に自身が編集を担当する歴史教育雑誌『ヘロドトスの旅』で世界史を基盤とした歴史教育を考察する特集を組んでいる。この号の巻頭論文「研究と教育方法との関係における世界史」(*World history fra ricerca e didattica*)[4]において，イマニュエル・ウォーラーステイン（Immanuel Wallerstein）の著作を紹介し，世界史という視点を歴史教育に取り入れるべきであると主張している。

イタリアの歴史教育研究において，フランスのアナール学派の理論は様々に援用されてきた。しかし，アナール学派のどの論者に依拠しているのかは，時代や研究者によって大きく異なっている。初期の歴史教育研究は，マルク・ブロック（Marc Bloch）やフェーヴルの影響を受けていた。彼らの主張を援用して，政治史偏重の歴史教育への批判，現代の問題を前提として歴史を「探究」する歴史教育の主張，「探究」における学際性や協同性の強調などがなされた。それに対して，カリキュラムに関する議論が活発化した1990年代後半からは学習内容を編成するための新たな原理が模索され，大きな枠組みで世界を認識するフェルナン・ブローデル（Fernand Braudel）やその手法を援用したウォーラーステインの理論がブルーサなどによって援用されている。ただし，ウォーラーステインなどの理論は学習内容の系統性を意味づけるために使用されたのであり，子どもの学習へその理論が適用されたわけではない。ここに，子どもの学習を意味づける歴史学と学習内容を意味づける歴史学が異なるという現象を見出すことができる。

続いて1998年3月に学習プログラムの改訂を議論していた公教育省の委員会によって，「基礎教育における本質的な内容」(*I contenuti essenziali per la formazione di base*)[5]という文章が発表される。この文章は初等教育の学習プログラムを編成する際に基本的な考え方を各教科別に示したものであり，歴史科

に関する記述の特徴は以下の三点にまとめられる。

　一点目は，事実の記憶を中心とした歴史教育を正式に否定したことである。歴史科に関する記述は以下のような文章で始まる。「万人のための学校において歴史を実践する際には，異なる次元（学問に関することと方法論に関すること）を統合し，記憶をさせる現在の実践を改革するアプローチに思い切って頼るべきである。それに際して，歴史的事実を配置・再構成する一般的なコンピテンスを発展させるだけではなく，我々の国の田舎と都市の景観を様々に特徴づけている表象を読解する能力を促進することも併せてねらう」。生徒が自律的に歴史を再構成していくこと，テキストだけではなく様々な事物を資料として活用していくことは，様々な論者によって強調されてきた。この文章は，その研究蓄積を踏まえたものだとみなすことができる。一方で，この文章は現場レベルにおいて「操作」を行う歴史教育が普及していないことの表れと見ることもできるのである。

　二点目は，現代史の学習における学際性の重視である。「第二次世界大戦に続く時期は，若者に文化・経済・政治の変化をダイナミックにつかむのに適している」とされ，それをつかむために学際的なアプローチを行い，「歴史の分析固有の主題」として捉えさせないことが強調されている。第２章で明らかにしたように，歴史教育研究における学際性は生涯学習の理論とアナール学派の理論との融合によって意味づけられたものであった。

　三点目は，「市民教育」（educazione civica）との連携を重視していることである。両者の連携によって，「市民教育は批判的で責任感のある市民性（cittadinanza）を形成する」とされている。これは，歴史教育がカリキュラムにおいてどのような役割を果たすのかを明確にしたものであるといえる。

　これらの出来事のうち，『ヘロドトスの旅』において提起された「世界史」という学習内容の編成原理が特に重要になる。そしてブルーサのカリキュラムに対する考え方は，民間研究団体のカリキュラム案に大きな影響を及ぼした。次項では，その点に着目しながらカリキュラム案の内容を明らかにしていく。

（2）民間研究団体のカリキュラム案におけるブルーサの影響

　ブルーサは教育雑誌『教育』の1998年第8号に論文「新しい歴史学習プログラムに向けて」(Verso i nuovi programmi di storia)[6]を発表した。2000年に民間教育研究団体が発表するカリキュラム案との類似点が多々あり，実質カリキュラム案の素地になったと考えられる。

　この論文ではヨーロッパ諸国の歴史カリキュラムと歩調を合わせることが目指されており，西ヨーロッパ諸国で共通認識されており，イタリアでは議論されてこなかった「基本的な原則」として，以下のことが示されている。すなわち「歴史は他者を攻撃するための道具ではなく，自身をよりよく捉えるために役立つものではない。それは戦争のための道具ではなく平和のための道具と考えるべきである」[7]という原則である。この原則が共通認識されているのかに関しては，疑問を感じざるをえない。しかし，ブルーサが公教育において歴史教育にどのような役割を求めているのかをうかがうことはできる。

　カリキュラムの基本的な考え方に目を向けると，カリキュラムに二つのレベルを想定していることが目新しい。一つ目は「縮小された部分（アメリカで言うところのコアカリキュラム）」で，これは共通教養と考えられている。二つ目は「『発展もしくは深化』の部分」で，各学校によって異なる部分とされている。[8]つまり，歴史教育には万人に保障されるべき教育目標があり，ブルーサはそれを示そうとしたといえよう。

　このカリキュラム案では，ある程度共通のカリキュラムが保障できることを前提として，初等教育5年・前期中等教育2年・後期中等教育共通義務教育期間2年の義務教育段階9年間を2年・5年・2年の三つのサイクルに再区分し，それぞれのサイクルで表5-1のように学習形態を変えている。

　第1サイクルは，「現在初等教育で行われているものを継続すればよい」とされているので，1998年に効力のあった1985年学習プログラムを再度確認しておこう。そこでは，空間と時間を意識して身の回りの観察を行うこと，身の回りの歴史を学ぶことの二つが求められている。

　第2サイクルは，「一般史」を学習するとされている。ただし「一般史」がどのような歴史を指すのかは，この論文では述べられていない。各学年で学ぶ

表5-1 ブルーサの垂直カリキュラム案

第1サイクル（2年）	前提となる知識・経験・領域・大きな枠組みの「ラボラトーリオ」
第2サイクル（5年）	一般史を学習する。ただしなるだけ希釈し複雑になりすぎない歴史
第3サイクル（2年）	テーマ学習，もしくはここ数世紀

出所：*Verso i nuovi pragrammi di storia* をもとに筆者が作成。

表5-2 第2サイクルの学習内容

	時 代	学習内容例
1年目	新石器時代の経過	ホモ・ハビトゥス，ホモ・サピエンス，シュメール，エジプト，中国
2年目	農耕・牧畜社会	市民社会，帝政社会，
3年目	産業革命の経過	産業化社会，ポスト産業化社会
4年目	産業化世界の社会と問題	国家，植民地化，世界市場
5年目	1900年以降	フォード主義，トヨタ主義，世界市場，グローバルマーケット，大衆社会，現代の戦争

出所：*Verso i nuovi pragrammi di storia* をもとに筆者が作成。

ことの例が表5-2のように示されているのみである。

　学習内容と時代区分を見ると，ブルーサの構想する「一般史」は人類の歴史であることがわかる。新石器時代から農業社会，そして産業化社会に移行し，その後ポスト産業化社会に移行するという時代区分は，これまでも再三に渡って主張されてきた。5年目は1900年代に限定されており，これは前述した共和国大統領令第682号を意識しているものであろう。

　第3サイクルは，テーマ学習か現代に近い歴史を学ぶとされている。後期中等教育でテーマ学習か現代に近い歴史を学ぶという発想は，マットッチィとランベルティの発想までさかのぼることもできよう。

　以上のような，初等教育は時間や空間を理解させるような活動を，前期中等教育は「一般史」を，後期中等教育はテーマ学習をするべきであるという主張は，同じ1998年に発表された論文「告発された教育方法」[9]においても繰り返されている。

　そして，ブルーサの研究論文から2年後の2000年にInsmliとLandisを中心

にして「地理・歴史・社会分野のための垂直カリキュラム案」(*La proposta di nuovo curricolo verticale per l'area geo-storico-sociale*) が発表された[10]。カリキュラム案の特徴としては，次の二点が挙げられる。一点目が，カリキュラムを歴史分野だけに限定せず，低学年時においては地理分野と社会分野を併せて記述していることである。そして二点目が，学習内容だけではなく，子どもが身につけるべき能力を教育目標として設定することで，歴史教育の発達段階を示したことである。教育目標と学習内容は細かく分類されておらず，核となるもののみが示されている。

　提案は，構成の意図が示された序文と具体的な内容が示された「地理・歴史・社会分野の新しいカリキュラム：内容，目的，目標，教育方略」の二つに分かれている。序文には新しいカリキュラムのために「放棄しえない要求」が示されており，そこにこれまでの歴史教育研究の蓄積を見て取ることができる。六点の要求を項目ごとに要約すると，①伝達というアプローチを変えること，②「一般的な枠組み」を想定して内容を軽減すること，③内容だけではなくコンピテンスを供給すること，④単数形の歴史から複数形の歴史に転換すること，⑤アプローチと教材・教具を多様化すること，⑥伝統的な垂直カリキュラムを見直すこと，となる。①は「基礎形成における本質的な内容」と同様に，歴史教育実践がいまだに転換していないことへの問題意識が現されている。②と③に関しては，カリキュラム編成の原理を転換させるもので，ブルーサなどによって早くから指摘されていた。④はアナール学派が示した多元的な歴史観を反映したものであると考えられる。⑤はこれまで指摘してきた学際性という発想を受け継ぐものである。一方で「教科書の傍らにして，資料とマルチメディアの使用，ラボラトーリオの実践，モジュール形式の教育方法」とその実例が示されており，教科書が教育の手段として是認されている。モジュール形式の教育方法とは，専門が異なる複数の教員によって一つの授業を担当することを指す。⑥に関しては，「伝統的な垂直カリキュラム」とあるように，古いカリキュラムのもっている「継続性」を批判の対象に据えようとするマットッチィの問題意識を引き継ぐものである。

　これらの要求の後に，「新しい垂直カリキュラムの私たちの提案においては，

一般史[11]（以下に示すように，革新的な形態で構想されている）は，学習過程の中心部分において，1回きりで展開され，それには5年間が使われる」とカリキュラムの独自性が述べられている。ここでいう「革新性」とは，義務教育の入り口から出口までの間に，古代から現代までの学習を1回きりにすることである。これはカリキュラムの「循環性」を克服する明確な意志表示である。「以下に示す」とされている内容をまとめると表5-3のようになる。

　義務教育1年目から4年目までは「地理・歴史・社会の基本的な能力の獲得を通じて時間・空間の感覚を形成すること」が，義務教育の5年目から9年目までは「新しい一般地理・一般史を学習すること」が，そして義務教育終了後の後期中等教育段階では，「ラボラトーリオの授業形態を取ることで，特定のテーマや問題を深化させること」がそれぞれ目的とされている。「探究」の方法は後期中等教育段階にいきなり学習されるのではなく，それ以前にも「一般史」の内容に沿う形で付随的に学習されるという構想が示されている。

　このように，時間・空間の感覚が歴史を学ぶ際の基礎となり，その感覚をもとに「一般史」を学び，その知識をもとに「探究」を行うという発達の道筋が示されている。それだけではなく，授業に際して子どもの「認知のスタイル」や「文脈」などを考慮するように促すといった教育学的な見地からの提言も盛り込まれている。ブルーサの提案も「地理・歴史・社会分野のための垂直カリキュラム案」と同様に，子どもの発達を考慮すること，歴史教育において「探究」を行うこと，その前提として「一般史」の学習を行うことが重視されている。マットッチィが提起した「探究」という発想とその後に積み重ねられた議論が一つのカリキュラムとして結実していることがわかるだろう。

　一方で，このカリキュラム案に以下のような特徴も見つけることができる。それは，地理・歴史・社会の三分野が並列の関係ではなく，歴史に残りの二者が従属する関係になっていることである。カリキュラム案に示される学習内容の例も歴史のものに限定されている。ここから歴史を中心とした社会科学分野の統合という編成理念を読み取ることができる。歴史を中心とした社会科学分野の統合という考え方はもともと第2章で取り上げたフェーヴルが「歴史研究所」という場所とともに提唱したものである。

第5章　歴史カリキュラム論争における論点

表5-3　地理・歴史・社会分野のための垂直カリキュラム案

1年目	地理・歴史・社会の基本的な能力の獲得を通じて時間・空間の感覚を形成する	空間を把握する際に言及するもの（部屋，家，学校，地区，都市），時間を把握する際に言及するもの（日，週，月，年，人生，家族の歴史，世代史）
2年目		
3年目		
4年目		
5年目	新しい一般地理・一般史を学習する	人間社会の一番目の重要な区分（新石器時代の変遷）
6年目		農業社会の原則的なモデル
7年目		人間社会の二番目の重要な区分（工業化社会）
8年目		1800年代（現代社会の到来）
9年目		1900年代
10年目	「ラボラトーリオ」の授業形態を取り，特定のテーマや問題を深化させる	時代を大きくまたぐテーマや問題
11年目		現代の歴史に関するテーマや問題
12年目		1900年代の歴史に関するテーマや問題

出所：*La proposta di nuovo curricolo verticale per l'area geo-storico-sociale* をもとに筆者が作成。

　なお，カリキュラム案に対する大きな関わりを示したブルーサに対して，この時期のマットッチィは自らが議長を務める歴史教育研究団体Clio'92の活動に軸足を置いていた。2000年4月には「初等学校のカリキュラムにおけるテーゼ」（*Tesi sul curricolo della scuola elementare*）[12]が発表され，Clio'92の基本的な考え方が示された。初等教育における基本的な考え方はカリキュラム案のものと共通している。初等教育においては「歴史教育」（insegnamento di storia）ではなく，「歴史に対する教育」（educazione alla storia）を目的とすべしとしており，歴史それ自体を教えるのではなく，歴史に対する接し方を教えるという考え方を提示している。

2　歴史カリキュラム論争

（1）「新しいカリキュラムに向けて」の要点

　2001年2月7日，公教育省の研究グループによる報告論文「新しいカリキュラムに向けて」（*Verso i nuovi curricoli*）[13]がまとめられた。これは，義務教育9

年間のうち基礎課程にあたる7年間のカリキュラム案を提示したものである。基礎課程を履修する学校には基礎学校という呼称が使われている。この論文作成に関わったカヤーニは，世界史という視点が強調されたことがこのカリキュラムの特徴であり，世界史を扱う理由として，世界システム論を扱う歴史学の動向に加えて，多くの社会が多文化的になっていること，政治上・経済上・社会上・環境上の問題が世界的な広がりをもつことを大衆が認識し始めていることを根拠として挙げている。またブルーサも報告論文の著者には名前がないものの，委員会のメンバーとして参加している。

　歴史科のカリキュラムは地理科，社会科（Studi sociali）とともに記述され，この3教科で社会科学分野を形成する。この分野の教育目的は「生徒に市民的・文化的なコンピテンス（competenze civiche e culturali）を獲得させる」ことであり，「個人と社会のアイデンティティ構築において，この分野は基礎的な機能をもっている」とされている。改訂の対象となった初等教育の1985年学習プログラムと比較すると，この3教科を一つの分野として設定していることは同じである。一方で，個人のアイデンティティの構築という目標はもともと歴史科の目標とされていたもので，報告論文ではこれを社会科学分野全体の目標として位置づけなおしているといえる。また「歴史はすべての領域を横断する教育的価値をもつ」，「すべての現実を読み解く際の基礎的な鍵の一つ」とし，3教科のうち歴史科の役割を強調している点も特徴的である。

　学年ごとの学習を見ていくと，7年間のカリキュラムを2年，2年，3年で区分し，それぞれの時期にどのような学習を行うのかを明確にした点が特徴として挙げられる。最初の2年は合科的な学習を行う期間であり，子どもを「取り巻く現実から，言葉や概念を抽出する」学習が行われる。次の2年は合科的な学習が継続されつつ，「歴史的・社会的・地理的現象を理解するために必要な言語と分類を構成する」とあるように，歴史科・地理科・社会科の区分が意識される期間である。最後の3年は各教科の教育目標が別々に示され，それぞれの分野で学習が行われる。1985年学習プログラムで示されている合科的な学習の期間は2年であり，新しいカリキュラム案ではそれが4年に延長されたことになる。この学習区分を採用したことで，最初の2年は合科学習によって

第5章 歴史カリキュラム論争における論点

表5-4 歴史科の「本質的な内容」

5年目	・人類化の過程と地球への定住　・旧石器時代と狩猟採集社会 ・世界の新石器革命：遊牧民と定住民 ・最初の都市国家 （メソポタミア，エジプト，インドの三角地帯，中国，アメリカ）
6年目	・古代地中海：ギリシャ，ローマ，キリスト教 ・遊牧民の移住，ユーラシア国家の危機と再構造化 ・アラブの拡張　　・中世ヨーロッパ　　・モンゴル帝国 ・サハラ以南のアフリカ：移住と国の発展 ・アメリカ：マヤ，アステカ，インカ　・オセアニアの植民
7年目	・ヨーロッパにおける近代国家とイタリアの地方都市国家の形成 ・人文主義とルネッサンス　・ヨーロッパにおける革命と反動 ・オスマントルコ帝国　　・インド，中国，ヨーロッパ

出所：*Verso i nuovi curricoli* をもとに筆者が作成。

日常経験から学ぶ，最後の3年は親学問の系統に沿って学ぶ，間の2年はそれらをつなぐという役割がはっきりしたといえる。この2年間は，狩猟採集社会，農耕牧畜社会，工業社会という枠組みに沿って古代から現代までを概観することが求められており，ブルーサの提示した枠組みが援用されている。

次に，歴史科の特徴を地理科，社会科の特徴を踏まえながら見ていきたい。まず7年間のカリキュラムを産業革命までで終わらせている点が特徴として挙げられる。産業革命から現代までの歴史は義務教育期間である高等学校の最初の2年間で行われるとされており，義務教育期間の通史学習はこれまでの2回から1回に減らされたことになる。これは，歴史を繰り返し教えるべきではないとするカリキュラム研究の議論を踏まえたものだと思われる。

そしてカヤーニが指摘していたように，学習の中で世界史という視点を強調していることが大きな特徴である。報告論文の冒頭で「世界規模の歴史事象の知識を通して，人間社会の歴史の総体的な視点を獲得する」ことが歴史科の教育目標として掲げられ，基礎学校の最後3年間は「人類史の系統的で年代順の学習が始まる」時期とされている。それゆえに，学習する内容も人類史を意識したものになっている。表5-4に示すのは，学習において取り扱う内容を定め

た「本質的な内容」である。イタリアという言葉が出てくるのは，7年目の「ヨーロッパにおける近代国家とイタリアの地方都市国家の形成」の部分のみである。

　世界というレベルを重視するという考え方は，地理科，社会科にも貫かれている。特に地理科の「本質的な内容」に示されている「世界，ヨーロッパ，国，地域」という空間のレベルは，歴史科や社会科にも記述があり，重要な概念であることがわかる。また世界に目を向けるだけではなく，社会科の「多民族・多文化社会」という内容が示すように，社会の内部における文化間の相違といった点にも目が向けられている。

　歴史科の学習は歴史的な事象を参照しながら，世界史という枠組みを理解するだけにとどまらない。「これらの一般的なシナリオの中に，操作可能な地域的・文化的文脈の独自性によって提示されたテーマ的な深化が位置づく」と記述されているように，身近なものを世界史の枠組みの中に位置づけていく学習が行われる。このように自分の身の回りの現象を出発点として，世界的な枠組みを知ることで，身の回りの現象を世界史レベルで位置づけ直すことが，「新しいカリキュラムのために」で示された枠組みであるといえるだろう。この報告論文に明記されていないこととして，イタリア史やヨーロッパ史は後期中等教育の最後3年間でテーマ学習として取り扱われる予定であったことが，カヤーニの論文に示されている[15]。

　ここで注意しておきたいのは，このような世界の捉え方はカヤーニやブルーサに独自なものであるとは言い切れず，むしろ当時のイタリア社会の情勢と関連したものであるということである。1998年に俗にトゥルコ＝ナポリターノ（Truco-Napolitano）法と呼ばれる移民法が制定され，移民の合法的な受け入れなど，移民を受け入れた社会のあり方が提起されていたのである。歴史教育における世界史の導入は，社会からの歴史教育への要求としても捉えることができるのである。

（2）33人の歴史学者によるマニフェストとカリキュラム案

　報告論文「新しいカリキュラムに向けて」が発表された直後の同年2月26日に33人の歴史学者によるマニフェストとして「歴史教育とヨーロッパのア

イデンティティ」（*Insegnamento della storia e identità europea*）が発表された。こ
れは報告論文を批判するもので，批判の要点は大きく二点に分けられる。

　まず，古代から現代までの通史学習を1回に限定することに対しての批判が
以下のように述べられている。「各5年ずつの歴史学習のコースを導入する必
要がある。最初のものは基礎学校の最後5年間（第3学年から第7学年）であり，
2番目のものは第2サイクルの中の5年間である」。そして世界史を重視する
ことの危険性を以下のように述べている。「歴史的な発展の世界的視野がイタ
リアとヨーロッパの文化的アイデンティティの有効利用および市民的な価値と
達成をおびやかすことがないようにしつつ，第1サイクルのカリキュラムの複
雑な再定義の問題を我々は提示したい」。二つの批判は関連しており，イタリ
ア人もしくはヨーロッパ人というアイデンティティ構築のために，イタリア史
やヨーロッパ史の学習を十分に確保せよという主張に集約することができる。

　この論争が始まる直前の2000年には欧州連合基本権憲章が交付されており，
ヨーロッパ人としてのアイデンティティを構築していくという主張も時流に
沿ったものであったといえる。マニフェストを作成した歴史学者のグループは，
同年3月15日付でカリキュラム案「基礎学校と高等学校における歴史教育の
ためのプロジェクト」（*Progetto per l'insegnamento della storia nella scuola di base e
in quella superiore*）を発表し，対案とした。

　対案はカリキュラムの基本的な考え方を記した部分と，「教育目標」（obiettivi
didattici），「学習内容」（contenuti），「方法」（metodo）を記した部分とに分かれ
ている。報告論文との大きな違いが見られるのは基本的な考え方と学習内容お
よびその編成である。具体的な教育目標や方法に関しては，後日マットッチィ
が指摘しているように，それほど大きな違いがあるわけではない。また義務教
育が始まる最初の段階の学習を時間に関する知識を理解させることや身近な歴
史にしていることは，これまでの学習プログラムやカリキュラム試案に示され
た枠組みと同じである。

　対案は個人の形成において歴史の果たす役割を次の二点としている。一点目
は，「現実を読み解く際に基礎となる鍵」であること，二点目は「国やグルー
プの記憶や自覚を構築する際の基礎的な役割」である。前者はカリキュラム案

表5-5　対案における学習内容

学　校	学　年	学習内容
基礎学校	1	・年代順の時間（単線型と周期型の持続，現代性），日，1週間，季節 ・時間の中に自身を知覚，状況（出来事，事件，行為）における自身の行動の意味
	2	・記述のスタイルと発展 ・個人史
	3	前史時代からギリシャ文明
	4	ローマ文明から暗黒時代
	5	11世紀のルネッサンスから1600年代の危機
	6	絶対王政の時代から帝国主義の時代
	7	1900年代
高等学校	1	先史時代からローマ帝国の絶頂まで
	2	古代後期から14世紀の危機
	3	近代国家の起源からイギリス革命
	4	絶対主義の時代から帝国主義の時代まで
	5	1900年代

出所：*Progetto per l'insegnamento della storia nella scuola di base e in quella superiore*をもとに筆者が作成。

や報告論文と変わらず，後者はマニフェストにあったように，イタリア人もしくはヨーロッパ人としてのアイデンティティを構築するための部分である。二点目の役割を果たすために，表5-5に示すように基礎学校の第3学年から第7学年までの学習内容と高等学校の第1学年から第5学年までの学習内容は，古代から現代までのヨーロッパ史を中心としたものである。そしてそれが2回繰り返される。

　こうした特定の共同体への帰属を求める歴史教育のあり方はマットッチィ以降の歴史教育研究への挑戦である。しかし，これまで積み上げられてきた歴史教育研究が見逃してきた痛い問題をついている。それは，他国と異なるイタリアの歴史に根差したイタリアの歴史教育の独自性とは何かという問題である。

　対案は「イタリアのような古代世界の遺産とキリスト教・教会が結びついている国においては，世界と違う形で歴史の継続性を保障しなければならない」

と主張している。このような歴史の捉え方は一面的であるものの、イタリアという国の歴史が学習内容の編成原理にどのような影響を与えるのかという論点を提起したという点においては、従来の歴史教育研究に新たな問題を投げかけたといえる。

なお、報告論文に関わった研究者に近い歴史教育の研究者たちはマニフェストが公開された同日に「公教育省トゥーリオ・デマウロ教授に対する公開書簡」(*Lettera aperta al Ministro della Pubblica Istruzione prof. Tulio De Mauro*)[18]をインターネット上に公開し、名指しはしていないものの、報告論文に対する批判がその内容を十分に踏まえたものでないことを批判している。これらの延長線上にブルーサとマットッチィによる批判に応答した論文がある。

(3) 歴史教育研究者による応答

この対案が発表された2ヶ月後の2001年5月、カリキュラム論争は一つの区切りを迎えた。国政選挙で「オリーブの木」が敗北したことで一連の教育改革が凍結されたからである。舞台は行政レベルから研究レベルに移り、対案の検討が行われた。その中からマニフェストに対する公開書簡にも名を連ねているブルーサとマットッチィ、そして報告論文の執筆者の一人であるカヤーニの応答を検討し、歴史教育研究の新たな論点を明らかにする。

対案に対する応答としては、まず2001年にブルーサが「教えるべき歴史—過去における論争と未来における問題の間に」(*La storia da insegnare：Tra dibattito passato e problemi futuri*)[19]を発表している。ブルーサは今回の学習プログラム改訂に携わった委員であるから、この論文における主張は歴史の小委員会の考え方をある程度反映しているといえる。たとえば、この章で再三登場したカリキュラムを発達段階によって3区分して学習方法と学習内容を変え、カリキュラムの「循環性」を克服する編成が主張されている。

そうした従来の主張に加えて示されているのが、歴史の小委員会が採用した能力観に関する問題である。ブルーサによれば、「コンピテンス」という言葉の定義をめぐって小委員会内では対立があった[20]。一方が想定したのは特定の内容から切り離した「コンピテンス」であり、ブルーサは「歴史的なテキストを

理解することができる」という例を出している。これは学習内容が並列するので，第1章で取り上げた2004年「国の指針」の考え方に近いといえる。もう一方が想定したのは特定の内容と能力を一緒にした「コンピテンス」である。こちらに関しては，「日付を入れることができる」という能力と「正確な社会の枠組み」という内容が合わさり，「特定の社会的枠組みを時間の中に位置づける能力」という「コンピテンス」が教育目標となるという例を出している。これは2007年・2012年「カリキュラムのための指針」の考え方に近いといえる。そして，小委員会が新しい学習プログラムを考える際に採用したのは後者である。ブルーサは詳しく述べていないものの，内容と能力が結びつくのであれば，学習内容を編成する際には教育目標として設定する能力との整合性が問われることになる。この点は，マットッチィが後の論文で考察を行っている。

　この論文では副題に「過去における論争と未来における問題の間に」とあるように，過去に行われた論争のふり返りも併せて行っている。過去にあったのは「教科書・講義―ラボラトーリオ」「内容―方法」「個人の自由―教育の法則」「伝統―革新」といった対立軸であり，ブルーサがグアラッチーノの影響を受けつつ，これらを止揚しようとしてきたということはこれまでも述べてきた。興味深いのは歴史教育に関する歴史学者の関わりが非常に不定期かつ限定的であったと述べていることであり，「イタリアの歴史教育研究は完全にアカデミーの外で生まれた」[21]とまで言い切っている。

　そうであるならば，この論争は歴史学者と歴史学者との対立ではなく，ブルーサらを含む歴史教育研究者と歴史学者の対立と置き換えることができる。さかのぼれば，マットッチィも象牙の塔に引きこもるような歴史学者を批判し，労働者を中心とした一市民が「探究」を行うことによって，社会と密接に関わる歴史教育のあり方を提起した。この歴史カリキュラム論争によって，歴史教育研究と歴史学研究との間に依然として溝があることが明らかになったのである。

　ブルーサの論文が発表されてから1年後の2002年，マットッチィが論文「教えるべき新たな歴史に関する考察」を発表した。マットッチィによれば，報告論文，対案とも歴史教育を通して生徒に身につけさせようとする能力，すなわ

ち歴史学のテキストを構築する能力やテキストを批判的に読解する能力などの捉え方に違いはない。対立点は，教育目標となるそれらの能力を身につけさせるために，どのような歴史を学習することが適当なのかという点にある[22]。

その他にも，単純な知識の記憶を推奨するような歴史教育を批判して具体的な「操作」を取り入れた歴史教育を提起していること，低学年時に日常生活の学習を重視してその後通史を学習することで両者の関連づけを目指していること，すべての知識を網羅するのではなくある枠組みに沿って内容を選択していくことなどが共通点として挙げられる。相違点としては，対案は地理科と社会科学科のカリキュラムを作成していないこと，学習する対象をイタリア史・ヨーロッパ史にしていることが挙げられる。

マットッチィは，上述したような対案が推奨するイタリア史・ヨーロッパ史を中心とした学習では，それらの教育目標は達成されないとする。すなわち，特定の地域や国に偏った学習では客観的な検討をすることができなくなり，結果として批判的に読解する能力などが身につかないという主張である[23]。マットッチィの主張を踏まえれば，神話を学習内容として扱った2004年「国の指針」は能力を形成するにはふさわしくない学習内容が記述されているといえる。

一方，カヤーニは，新しいカリキュラムを支持する人と33人の歴史学者との対立は歴史教育に求める役割の違いに起因すると総括した。すなわち前者は「批判的な個人の形成」を，後者は「文化的アイデンティティの構築と集団の合意の育成」を教育の目的としているとされる[24]。

カヤーニの描く対立の構図は，1978年の論文においてマットッチィが描いた対立の構図である。当時と違うのは，マットッチィが指摘しているようにカリキュラムにおいて想定されている能力にはほぼ違いがないということである。マットッチィらが提起してきた「歴史の教養」をどのような市民像と結びつけるのかがこの論争では問われたといえよう。個々の教育目標が変わらないというマットッチィの指摘は，教育目標と学習内容の整合性，そして歴史教育が他教科や学校教育全体の教育目標との整合性をどのようにとるのかという新たな問題を提起しているのである。

小　　括

　本章では，1990年代後半から始まったカリキュラム研究とそれに伴う論争を検討し，外部からの批判にさらされた歴史教育研究が新たにどのような進展を見せたのかを明らかにした。
　「垂直カリキュラム」に関する研究はInsmliやLandisなどの民間研究団体が中心となって進められた。その研究に大きな影響を与えたのは，ブルーサによるカリキュラムの枠組みである。ブルーサは学習内容を人類史に定め，農業社会への移行，工業社会への移行を転機として，人類史を三つの時代に区分した。そのうえで，第1サイクルでは歴史を学ぶうえで基礎となる学習を，第2サイクルでは歴史の流れを追う学習を，第3サイクルではテーマ学習を行うことを提唱した。この提起は大きな影響力をもち，民間研究団体が合同で発表した「垂直カリキュラム」の試案はほぼこの枠組みを採用した。その後，ブルーサが学習プログラムを作成する委員会に参加したことで，公教育に対しても影響を及ぼすことになる。
　この委員会が発表した初等教育の学習プログラムの構想においても，人類史の視点を強調し，学年によって学習方法を変えていくカリキュラムが提示されている。この論文に対しては，歴史学者がマニフェストという形で反対を表明した。その主張を要約すると，新しいカリキュラムではイタリア史が十分に学ばれず，イタリア人やヨーロッパ人としてのアイデンティティを崩壊させるというものであった。
　この批判に対するマットッチィとブルーサの応答は，歴史教育における新たな考え方を提起している。両者が強調しているのは，教育目標たる能力と知識の結びつきであり，ここに能力間の転換があったことがわかる。特にブルーサは「能力」という言葉に変えて「コンピテンス」という言葉を用いており，「コンピテンス」は内容とのつながりを前提として規定されるものであると主張している。これまでブルーサらが述べてきた教育目標が学習内容を規定するという考えに代わり，教育目標と学習内容は相互に規定しあうという考え方が取り

入れられている。

1) ルイージ・カヤーニ著，古泉達矢訳「コスモポリタニズム・ナショナリズム・ヨーロッパ主義」『歴史学研究』815号，2006年，pp.17-23。
2) Luigi Cajani, *A world history curriculum for the Italian school*. in "World History Bulletin", n.18（2），2006, pp.26-32.
3) Ivo Mattozzi, *Pensare la nuova storia da insegnare*, in "Società e storia", n.98, 2002, pp. 785-812.
4) Antonio Brusa, *World history fra ricerca e didattica*, in "I viaggi di Erodoto", n.33, 1997, pp.2-4.
5) 以下の著書に歴史科に関する部分が掲載されている。Walter Panciera, Andrea Zannini, *Didattica della storia. Manuale per la formazione degli insegnanti*, Felice Le Monnier, Firenze 2006, p.222.
6) Antonio Brusa, *Verso i nuovi programmi di storia*, in "Insegnare", n.8, 1998, pp.32-37.
7) *ibid.*, p.32.
8) *ibid.*, p.33.（アメリカでいうところのコアカリキュラム）は原文ママ。
9) Antonio Brusa, *La didattica sotto accusa*, in "I viaggi di Erodoto", n.35, 1998, p.43.
10) 以下の著作に全文が掲載されている。Giulio de Martiono, *La didattica della storia. Introduzione alla libertà di insegnare e sperimentare*, Liguori, Napoli 2003, pp.238-244.
11) 原文では斜体。*la storia generale*
12) Clio '92, *Tesi sulla didattica della storia*, in "I Quaderni di Clio '92", n.1, 2000, pp.14-34.
13) Commisione di studio per il programma di riordino dei cicli di istruzione, *Verso i nuovi curricoli*, 7/2/2001, http://www.edscuola.it/archivio/norme/programmi/nuovicicli.pdf, 2013/10/31確認。（社会科学分野はpp.95-113）
14) ルイージ・カヤーニ「コスモポリタニズム・ナショナリズム・ヨーロッパ主義」pp.21-22。
15) Luigi Cajani, *A world history curriculum for the Italian school*, p.27.
16) 以下の著書に全文が収録されている。Walter Panciera, Andrea Zannini, *Didattica della storia. Manuale per la formazione degli insegnanti*, Felice Le Monnier, Firenze 2006, p.223.
17) 以下の著書に全文が収録されている。Walter Panciera, Andrea Zannini, *Didattica della storia. Manuale per la formazione degli insegnanti*, Felice Le Monnier, Firenze 2006, pp.225-231.
18) http://www.storiairreer.it/Materiali/Materiali/documentoprostoria.rtf, 2013/10/31確認。
19) Antonio Brusa, *La storia da insegnare：Tra dibattito passato e problemi futuri*, in "il Mulino", n.50, 2001, pp.545-550.
20) *ibid.*, p.547.

21) *ibid.*, p.546.
22) Ivo Mattozzi, *Pensare la nuova storia da insegnare*, p.800.
23) *ibid.*, p.800.
24) Luigi Cajani, *A world history curriculum for the Italian school,* p.28.

第6章 歴史教育研究の現在
■「歴史教育研究者」による歴史教育理論

　本章の目的は，2006年に出版された共著『歴史の教育─歴史的ラボラトーリオの教育に関する指導書』を中心に歴史カリキュラム論争後の研究動向を検討し，歴史教育研究の現在地を明らかにすることである。

　『歴史の教育─歴史的ラボラトーリオの教育に関する指導書』はこれまで取り上げてきたイーボ・マットッチィ，シピオーネ・グアラッチーノ，アントニオ・ブルーサ，アウロラ・デルモナコらが執筆に参加した共著であり，1978年から始まった歴史教育研究の「歴史教育研究者」による総括と位置づけることができる。

　序文では，アナール学派の歴史学者リュシアン・フェーヴルの「歴史は今日のすべての学問と同様に，急速に変化している。躊躇し，失敗を繰り返しながら共同研究を試みる人びとがいる。『歴史研究所』が実在物として話題になり，しかもそれが皮肉な薄笑いを招かぬ日がやがて訪れるだろう。日に日に精巧になる道具を抜きにして……従って訓練が行き届きかつよりよい班長に率いられた作業班の組織や円滑な強調のもとに行われる調査などを抜きにして経済学者の作業を考えることはもはや不可能なのだ。この身近な例にならい，仕事に対する新しい概念に目覚め始めた歴史家がいる。」[1]という文章が掲載され，ラボラトーリオ研究にアナール学派の影響があったことが述べられている。

　ここでは，フェーヴルの構想する「歴史研究所」（laboratorio）が歴史教育研究における「ラボラトーリオ」と結びつけられている。「歴史研究所」のように様々な学問に依拠しながら様々な人間が協働して歴史を「探究」する歴史教育を構想してきたという意味と，歴史教育研究も共同作業によって発展してきたという意味が込められていると考えられる。

　また，「ラボラトーリオ」という言葉はLandis（歴史教育のための全国研究所）にとって「商標」（marchio di fabbrica）であり，「ラボラトーリオ」概念の浸透

117

にはLandisが大きな役割を果たしたことが強調されている[2]。しかし，第2章で明らかにしたように，ランベルティが「ラボラトーリオ」という言葉を使い始めた時，そこにアナール学派の影響だけがあったわけではない。「ラボラトーリオ」という概念を裏づけるものとして，フェーヴルの構想が持ち出されたと見るべきだろう。

本文は，「概略」，「教材・教具」，「方法と実施」の三部からなる。「ラボラトーリオ」とカリキュラム，「ラボラトーリオ」と教科書，「ラボラトーリオ」とwebとの連携など多岐にわたり，「ラボラトーリオ」研究の多様な広がりを見ることができる。

本章では，『歴史の教育―歴史的ラボラトーリオの教育に関する指導書』に掲載されたデルモナコとマットッチィの「ラボラトーリオ」論およびブルーサの歴史教科書論を取り上げ，これまで登場してきた研究者たちがこれまでの研究をどのように位置づけ，どのような点を課題としているのかを明らかにする。それに加えて，ブルーサが編集した教科書を分析し，授業のレベルで歴史教育論がどのように実現されているのかを明らかにする。

1　「ラボラトーリオ」論の現在

（1）デルモナコの「ラボラトーリオ」再考論

1990年代の研究において「場所」としての「ラボラトーリオ」を重視していたデルモナコは，論文「ラボラトーリオにおいて教えられる歴史：教育的選択の根拠」（*La storia insegnata in laboratorio : le ragioni di una scelta didattica*）[3]を掲載し，「ラボラトーリオ」研究に関する大枠について総括を行っている。この総括は，1994年の時点で彼女が提起していた「ラボラトーリオ」概念とはやや趣を変えるものとなっている。

まず，デルモナコは「ラボラトーリオ」という用語が歴史教育において多様に解釈されてきたとし，ランベルティが提起したものが何であったのかについて言及している。デルモナコによれば，ランベルティの主張は「過去を読み取る能力と現在に対してより注意深くより一貫した自覚にいたる能力を教師と生

徒に身につけさせるために，歴史教育を歴史学的考察の光をあてて見直すことへの要求に由来する」ものであるとする。ランベルティの主張においては，生徒だけではなく教師が身につけるべきものにも焦点が当てられていた。このランベルティ論文の解釈を踏まえたうえで，自らの持論として，「方法（metodo）としての理解されるラボラトーリオと特別な部屋（aula specifica）として理解されるラボラトーリオ」との区別は副次的な要素であり，「操作」を通して歴史の学習を行うことこそが重要であるとする。その際には，「生徒たちを受動的な受取人ではなく，歴史的過程の製作者として考える」ことの重要性を述べている。

　正確には，ランベルティが「形態」という言葉を使っていたのに対して，デルモナコは「方法」という言葉を使用して「ラボラトーリオ」を再定義している。すでに1994年の時点で，デルモナコは「方法」という言葉を使わなかったものの，教師による具体的な教育方法に踏み込んで論を進めていた。「方法」としての再定義は，「形態」をどのように実現するかという研究の視角が意識化されたものだといえる。

　そしてデルモナコの主張の大きな変化といえるのが，「方法」としての「ラボラトーリオ」と「場所」としての「ラボラトーリオ」の区別を副次的なものとしている点である。そのうえで，デルモナコは「ラボラトーリオ」そのものを検討の対象にするのではなく，歴史教育を教育方法論（didattica），教育学（pedagoia），歴史学（storiografia）の三点から考察し，「ラボラトーリオ」を歴史教育の中に位置づけ直すことを主張している。

　教育方法論の視点からは，主に子どもの動機の問題が取り上げられている。知識の伝達という受動的な学習は歴史嫌いの子どもを生み出してしまう。また，現在イタリアにおいて増えている移民の子どもたちに対して，これまでの歴史教育が対応できるのかという問題も提起されている。教育学の視点からは，子どもの認知的な能力の発達と時系列での学習が矛盾することが指摘されている。歴史学の視点からは，学校で学習する歴史的知識をどのように設定できるのかという問題が取り上げられている。

　デルモナコの総括は，ランベルティ論文の意義を「ラボラトーリオ」の提唱

ではなく，歴史教育観の転換として読み直すものである。そしてランベルティが提起した歴史教育観を現代的な視点から問い直すことを志向している。

　デルモナコが「ラボラトーリオ」の概念規定を直接の対象とするのではなく，ランベルティの歴史教育観を問題とした背景には，歴史カリキュラム論争によって歴史教育研究そのものが問い直されたことが関係していると考えられる。つまり，今まで歴史教育理論が無意識のうちに前提としていた部分を理論的に問い直すことを志向している。

（２）マットッチィの「ラボラトーリオ」原論

　デルモナコの考察に加えて，マットッチィが論文「ラボラトーリオの思考」(La mente laboratoriale)[6]によって「ラボラトーリオ」そのものについての理論的な考察を行っている。1978年にそれまでの歴史教育を批判する論文を発表したマットッチィは，それ以降歴史学と歴史教育との関係を考察の軸としながら，主にカリキュラム研究の分野で活躍した。この論文でも，歴史教育と歴史学との関係が重要な意味をもっている。

　論文「ラボラトーリオの思考」の冒頭では，「作業の方法とラボラトーリオの教育方法がなければ，整備された場所としてのラボラトーリオとはいえない。しかし，ラボラトーリオの思考がなければ効果的な方法とラボラトーリオの教育方法はありえない」[7]というテーゼが示されている。デルモナコと同じく，マットッチィも「方法」と「場所」という枠組みで「ラボラトーリオ」を論じている。テーゼの前半部分にある方法と場所の関係は，「ラボラトーリオ」の間違った解釈に対する警鐘である。それは，よい結果のためには設備の整った部屋があればよいとする解釈，あるいは活動をさせさえすればよいとする解釈である。これらの解釈を正すために，マットッチィは「操作すること」(operatività)と「ラボラトーリオの教育方法」(didattica laboratoriale)との区別を表6-1のように整理している。

　両者の大きな違いは，「操作すること」が個々の子どもによってなされるのに対して，「ラボラトーリオの教育方法」は「教師，生徒，生徒同士の強い相互活動」を重視している点にあるといえる。教授と学習の関係についても，「操

表6-1 「操作すること」と「ラボラトーリオの教育方法」

操作すること（operatività）	ラボラトーリオの教育方法（Didattica laboratoriale）
・過程によって配置され、様々な環境で行われる（教室、博物館、地域、家など） ・生徒の自主性によって展開される ・個々の生徒によって展開される ・教育的な介入はある場面で行われ、その後生徒は次の場面で実行するべき操作を受け渡される。	「ラボラトーリオの教育方法」もしくは「ラボラトーリオ」がその価値をもつためには、以下のことが求められる。 ・教師、生徒、生徒同士の強い相互活動を実現する； ・学習は協同的かつ共有的なものである； ・活動は単一の環境で行われる； ・教授の介入は生徒の活動と組み合わさる； ・構造化され、限定された目標が達成する際に機能する生徒の活動を引き起こすために、適切な教授学的機材が存在する。 ・環境は —特別な設備を必要としない「ラボラトーリオ」的活動のためならば、単なる教室である。 —活動が設備や特定の機材（例、オーディオ機器など）を求めるならば、設備が整った空間である。 —たとえば農場と居住形態の関係を観察・読解するコンピテンスを行使しようとするならば、地域（例、景観）である。

出所：*La mente laboratoriale*, p.11の表をもとに筆者が作成。

作すること」が一方向であるのに対して、「ラボラトーリオの教育方法」は教師と子どもの双方向である。マットッチィは、子ども個人を重視するのではなく、また教師から子どもへの一方向のみを重視するのでもない「ラボラトーリオの教育方法」を、「知識の形成過程の一部分」[8]として捉えている。

そしてその「知識の形成過程」に必要なのが、「ラボラトーリオの思考」であり、それは「教科書の思考」との対比を用いて論じられている。「ラボラトーリオの思考」の骨子は、知識観の転換とそれに伴う歴史教育観の転換である。マットッチィは、フランスの哲学者ブルーノ・ラトゥール（Bruno Latour）の知見を援用し、「歴史学的な知識は知ること（sapere）と行為すること（saper fare）の交錯において生まれる」と主張している[9]。この知識観にもとづけば、歴史教育は「知ること」に加えて、「行為すること」が必要となる。すなわち子ども自身による「探究」が歴史教育に必要となるのである。

マットッチィによる総括は、「場所」としての「ラボラトーリオ」と「方法」としての「ラボラトーリオ」とを同じレベルで論じるのではなく、「場所」の

前提として「方法」を,「方法」の前提として「ラボラトーリオの思考」を位置づけている点に特徴がある。それは「ラボラトーリオ」が「場所」と「方法」というレベルのみで語られてきたことへの警鐘を鳴らすものであり,「方法」としての「ラボラトーリオ」をメタ的に考察できる歴史教育理論の必要性を説くものであるといえる。

「ラボラトーリオ」を基点にして歴史教育そのものを問い直すこの視点は,デルモナコの総括に通ずるものがある。マットッチィは歴史カリキュラム論争を経て示された2004年「国の指針」において示された歴史教育が復古的であるという批判を行っており[10],デルモナコと共通する問題意識をもっている。

2　歴史教科書論の現在

(1)ブルーサの歴史教科書論総括

前章で述べてきたように,1990年代のカリキュラム研究においてブルーサの理論は大きな影響力をもった。では彼が最もこだわっていた教科書に関してどのような活動を行っていたかというと,自身が編集を行って教科書を出版している。本節では,最も新しい教科書理論である「教科書,ラボラトーリオ的教育方法のための教材・教具」(*Il manuale, uno strumento per la didattica laboratoriale*)[11]から,ブルーサの歴史教科書論を明らかにする。合わせて,ブルーサが編集する歴史教科書を検討し,彼の歴史教育理論がどのように教科書に反映されているのかを明らかにする。

第4章で取り上げた『歴史教科書の指導書』から「教科書,ラボラトーリオ的教育方法のための教材・教具」に至るまでのブルーサの教科書に関する考察を見ていくと,教科書を「使うのか」,「使わないのか」という単純な構図に陥ることに警鐘を鳴らしている。たとえば,1998年に発表した論文「告発された教育方法」では,教科書の使用と不使用が教育における反動主義と革新主義と短絡的に解釈されていたことを指摘している[12]。これは,初期の研究から一貫してブルーサが主張してきたことである。

では,この対立構図を打破するのはどのような教科書なのか。「教科書,ラ

第6章 歴史教育研究の現在

ボラトーリオ的教育方法のための教材・教具」における教科書論を見ていこう。ここでブルーサは,「内容」(contenuto),「構造」(struttura),「言語」(lingua)の三つの観点の対比から,教科書を二種類に分類している[13]。

一つ目は,「文学の本のような[14]」シンプルな教科書である。『歴史の教科書』で「青書」に例えられていた教科書と同じものであろう。シンプルな教科書を使った場合,教師は教科書の内容を語るだけで授業ができるようになる。二つ目は,「内容」・「構造」・「言語」においてシンプルな教科書よりも「複雑性」(complessità)をもつ教科書である。もちろん,ブルーサがあるべき教科書として捉えているのは,「複雑性」をもつ教科書である。では「複雑性」をもつ教科書は,「内容」・「言語」・「構造」においてどのような違いをもつのか。

ブルーサによれば,「内容」の「複雑性」は歴史学の変化に由来する[15]。アナール学派の登場によって多様な歴史が存在することが明らかにされた。そしてアナール学派以後も様々な歴史学が登場し,歴史の描き方も多様になった。マットッチィも指摘していたように,すべての歴史を教科書に描ききるのは不可能であり,歴史の選択を行うことはイデオロギーの選択にもつながる。「構造」の「複雑性」も,歴史学の変革に由来する。アナール学派の登場以前は,歴史へのアプローチは文書記録によって行われていた。アナール学派の登場以降,歴史へのアプローチは非常に多様になり,絵画や建築,そして地形までもが資料として扱われるようになった。このようなアプローチの多様性に対応するためには,教科書の構想も文章だけではなく,「文章を超えるもの[16]」が求められるようになる。

それに対して,「言語」の「複雑性」にはいくつかの要因が重なり合っている。歴史学の発展によって文章の形式が多様化したこと,前期中等教育の単線化によって言語を受け取る子どもが多様化したこと,そしてメディアを初めとした新しい文化によって言語の使われ方が多様化したことが挙げられている[17]。

では,ブルーサのいう教科書の「複雑性」とは具体的にどのようなものなのか。ブルーサが編集している歴史教科書を検討し,この問題について明らかにしていく。

(2) ブルーサの歴史教科書の構成

ブルーサが編集した『歴史の作業場』(*L'officina della storia*)[18]と『歴史の作業場──ラボラトーリオ』(*L'officina della storia. Laboratorio*)[19]は，2008年にブルーノ・モンダドーリ学術出版社（Edizioni Scolastiche Bruno Mondadori）から出版された前期中等教育向けの教科書である。『歴史の作業場』と『歴史の作業場──ラボラトーリオ』は，各学年で一冊ずつである。

はじめに，目次から『歴史の作業場』と『歴史の作業場──ラボラトーリオ』の構成を明らかにしておこう。両者ともいくつかの章に分かれている。

まず，『歴史の作業場』の章の内容と配列を見てみよう（表6-2）。大きな特徴は第3巻を1900年代に限定していることである。この限定は1996年からの歴史教育研究に一貫して見出すことができる流れである。内容は基本的にヨーロッパ史中心の構成になっており，章構成だけを見ると，ブルーサのいうところの「内容」に「複雑性」があるとは言い難い。

表6-2　『歴史の作業場』の章構成

	第1巻（416頁） 古代から1400年代	第2巻（455頁） 1500年代から1800年代	第3巻（345頁） 1900年代
導　入	古代社会の遺産		
第1章	ローマ帝国から西洋の変容まで	ヨーロッパにおける宗教の分裂	ヨーロッパの絶頂
第2章	ヨーロッパにおける中世社会の成立	近世ヨーロッパにおける国と地域	大衆社会
第3章	10世紀から12世紀にかけての中世：新しい社会	大発見と植民地帝国	戦争の世界
第4章	12世紀から13世紀における権力と政治体制	近世ヨーロッパにおける経済，社会，文化	全体主義の時代
第5章	中世の危機	1700年代における物質的生活，改革，文化	二極対立の時代
第6章		最初の産業革命	ポスト工業化社会
第7章		革命のヨーロッパ	分断された社会の終焉
第8章		国民国家の成功	＊未来に向けた5つのシナリオ
第9章		19世紀の工業化と発展	

出所：目次をもとに筆者が作成。

『歴史の作業場―ラボラトーリオ』の単元も古代から年代順に並べられており（表6-3），学年の区切りも教科書に対応している。『歴史の作業場』の学習単元との大きな違いは，単元の構成原理である。『歴史の作業場』が歴史の大きな流れを追っていたのに対して，『歴史の作業場―ラボラトーリオ』では多様なテーマが設定されている。たとえば第1巻の単元「トラヤヌスの植民地」は，『歴史の作業場』の学習単元「ローマ帝国から西洋の変容まで」に対応しつつ，

表6-3 『歴史の作業場―ラボラトーリオ』の章構成

	第1巻（132頁）古代から1400年代	第2巻（106頁）1500年代から1800年代	第3巻（108頁）1900年代
導　入	歴史家の仕事		
第1章	トラヤヌスの植民地	ヴェネトの守護と邸宅	イタリア人はいつ旅だったのか
第2章	皇帝の凱旋	ワインの見通し	第4身分
第3章	ラヴェンナのユスティニアヌスのモザイク	マゼランの冒険	塹壕の兵士
第4章	ロンゴバルドの王	サレムの魔女	エチオピアの植民地戦争
第5章	カーティスの仕事	ノート，石の景勝地	ゲルニカ
第6章	バイユーの壁掛け	1700年代の実際の家族	Walerian Wrobel，ある歴史と多数の歴史
第7章	サンタンブロージョの聖堂における司教と皇帝	絵のための革新	第二次世界大戦中の日常生活
第8章	月の周期	ナポレオンの軍隊	マニフェストに見る冷戦
第9章	書類の中の町	野盗の歴史	ベルリンのヘブライ博物館
第10章	十字軍のイメージ		キース・ハーディング，ニューヨークの芸術家
第11章	アッシジのサンフランチェスコ		ノーベル賞，発明と発見
第12章	僕と遊べない子，ペストが彼を襲った		
第13章	フィレンツェの東方三賢王の行列		

出所：目次をもとに筆者が作成。

トラヤヌス帝時代の植民地がどのようなものだったのかを探る単元になっている。また第3巻の単元「マニフェストに見る冷戦」のように，どのような資料を使うのかが明示されている単元もある。つまり，『歴史の作業場―ラボラトーリオ』では多様なテーマが選択され，多様な歴史が学習されるのである。多様な歴史は，「内容」の「複雑性」を付加するものといえる。

(3)『歴史の作業場』の検討

『歴史の作業場』第1巻の冒頭には「先生へ」（per i docenti）[20]というページが設けられており，この教科書が2007年「カリキュラムのための指針」に沿ったものであることが示されている。また，この教科書がねらう教育目標として「文献資料の使用」，「情報の組織」，「概念的道具と知識」，「作成」の4項目が挙げられている。これも2007年「カリキュラムのための指針」と同じ項目である。

以上のことを踏まえて，具体的な章を見ながら教科書の構成を検討していく。各章の本文は，その目的によって四つのグループに分かれている。一つ目が「歴史を学習する：基礎的なテキスト」（studiare la storia：testo base）と題されたグループ，二つ目が「身近で見る歴史：テーマ」（la storia da vicino：temi）と題されたグループ，三つ目が「市民性に関する教育」（educazione alla cittadinanza）と題されたグループ，四つ目が「コンピテンス：教育方法」（le competenze：didattica）と題されたグループである。ここでは第1巻第3章の「10世紀から12世紀にかけての中世：新しい社会」を取り上げ，具体的な記述に沿いながらその特徴を見ていく。

◆「歴史を学習する：基礎的なテキスト」

「歴史を学習する」は，「基礎的なテキスト」を含むグループで，以下のように説明されている。「基礎的なテキストでは，この期間の大きな変容や主要な出来事が語られています。この部分に含まれている情報や概念は本質的なもので，よりよく学ぶために必要です」[21]。つまりこの部分で，歴史の流れが記述される。それらのテキストが書かれる前に，章の中の節題が目次に示され，それ

第6章　歴史教育研究の現在

ぞれの節が『歴史の作業場——ラボラトーリオ』のどの部分に該当するのかが示されている。

　ここでは第1巻第3章第4節の「叙任権闘争」の部分を例に分析する。「基礎的なテキスト」の前に「要約」(in sintesi) が入り、さらにいくつかの項に分かれる。資料1に示すのは、第2項の「皇帝もまた超越した権威であった」である。

　「基礎的なテキスト」では出来事が時系列に記述されるのではなく、特定のテーマにもとづいた記述がなされている。資料1の例では、皇帝がなぜ超越的な存在であったのかを明らかにする記述がなされている。また、最後の一文にも着目したい。この一文から、「基礎的なテキスト」は事実ではなく、ある歴史学者の解釈を記述したものであることがわかる。そして各項ごとに資料2のような「方法を用いた学習」(Studio con metodo) という欄が設けられ、テキス

資料1　「基礎的なテキスト」の例

皇帝もまた超越した権威であった

　他方で、教皇もまたローマ市民によって選出されていた。この選挙には血生臭く暴力的な争いがつき物であった。こうした理由によって、10世紀にはオットー一世が軍隊によって介入を行い、候補者を押し付けたのである。このときからおおよそ100年の間、教皇選挙の候補者を任命するのは皇帝になった。

　しかし、皇帝はとても遠くで生活していた。彼の宮廷はドイツにあり、たびたび移動を繰り返していた。教皇を選ぶちょうどそのとき、イタリアのサラセン人やオーストリアのハンガリー人とも戦っていたのだ。しかしながら、都市や農村の住人達にとって皇帝は生涯に一度顔を拝めるか、拝めないかという存在であった。彼もまた、歴史学者たちが述べるように、超越した権威であったのだ。

出所：*L'officina della storia 1*, p.224.

資料2　「方法を用いた学習」の例

---

②段落1と段落2を一つの段落にまとめ、内容を現す題名を書きましょう。ただし、「権威」、「超越した」という単語は使わない。

　10世紀において、強大な権力を伴う超越した権威を表現する歴史的な主体を選び、あなたの選択を証明する文を強調しましょう。

出所：*L'officina della storia 1*, p.224.　　の部分は原文では青字。

トの読み方が指示されている。

　また「歴史の言葉」(Il parole della storia) という欄が設けられ，専門用語が解説されている。この欄は教科書の説明が載っている部分で「この紫の囲みには，特別な言葉が載っています。これらの言葉は，歴史の語彙の中でも典型的なもののため，歴史学者がよく使用します。これらの言葉が登場したとき，この囲みがあなたの助けになるでしょう」[22]と説明されている。この節では，「叙任権」という欄が設けられ，中世において宗教儀礼と叙任権がどのような意味をもっていたのかが説明されている。一つの事象に対して，多様なアプローチと異なった文体で記述を行うことで，「構造」と「言語」に「複雑性」が与えられていることがわかる。

◆「身近で見る歴史：テーマ」
　「身近で見る歴史：テーマ」は，いくつかのテーマを含むグループである。このグループは以下のように説明されている。「深化のテーマは基礎的なテキストに関連したテーマを扱います。すべてのテーマを取り上げてもいいですし，一つでも構いません。一人で学習しても構いませんし，グループで学習しても構いません。あなたたちの先生が適切だとみなすようにしてください」[23]。
　このグループに含まれている「歴史オンライン」(storia on line) という項目は注目に値する。この項目には，webで検索する単語とそれによって導かれるHPが記載されており，子どもは自分の興味に沿って，教科書を超えた知識を吸収することができる。「歴史オンライン」は，子どもを教科書から非教科書的な知識へと導く一つの手だてとして評価することができるだろう。そしてブルーサが1991年の著作『歴史の教科書』で提唱した「ハイパーテキスト」の構想を実現したものであるといえる。

◆「市民性に関する教育」
　「市民性に関する教育」の箇所は2ページ程度の短い記述で，「このテキストは今日においても非常に重要な歴史的問題について記述しています」[24]と説明されている。「10世紀から12世紀にかけての中世：新しい社会」には「誰が真の

権力を持っているのか」という文章が載せられ，権力に関して「ローマ帝国時代の権力」,「中世の王」,「地方貴族」について記述がなされる。

第1巻第2章「ヨーロッパにおける中世社会の成立」には「多民族性と市民性」という文章が載せられており，『歴史の教育—歴史的ラボラトーリオの教育に関する指導書』でデルモナコが示したようなイタリア社会の捉え方に対応するような問題意識が示されている。現在の問題に対して歴史教育は何ができるのかという歴史教育成立時の問題意識がここにも表れている。

◆「コンピテンス：教育方法」

「コンピテンス：教育方法」は2ページの「コンピテンスの確認」(verifica delle competenze) からなる小テストのページである。各項目は，すべて2007年「カリキュラムのための指針」の項目に対応している。第1巻第3章の「10世紀から12世紀にかけての中世：新しい社会」の問題を資料3に示す。

「コンピテンスの検証」には「2．武器，貨幣，文化」のように見つけた知

資料3　「コンピテンスの確認」の例

2　武器，貨幣，文化

コンピテンス2
　生徒は，叙任と中世権力の形態と関連付けながら，イタリアの歴史における重要な瞬間を知る。

a. 社会の構成員，一般的な社会における重要な三つの構成要素の機能を再構成しよう。用語か記載されている表現に一致する番号を該当する箇所に入れて，表を完成させよう。
注意：機能は複数解答

1．職人；　2．貴族；　3．公証人；　4．弁護士；　5．兵士；　6．聖職者；　7．商人；　8．法律や法令を作成した；　9．強力な軍隊に賃金を払った；　10．領事を選んだ；　11．軍隊を指揮した；　12．「良い統治」に関する条約を記述した。

	戦争に関わる人々	貨幣に関わる人々	文化に関わる人々
社会の構成員			
機能			

出所：*L'officina della storia* 1, p.283.

識を表などを使って再構成していく問題が多く含まれている。

（4）『歴史の作業場—ラボラトーリオ』の検討

続いて『歴史の作業場—ラボラトーリオ』の内容を見ていこう。教科書冒頭の章「歴史家の仕事」と，前節で取り上げた学習単元「10世紀から12世紀にかけての中世：新しい社会」と同じ時期を扱う第1巻第9章「書類の中の町」を取り上げる。

◆導入単元「歴史家の仕事」

「歴史家の仕事」（Il mestiere dello storico）は，歴史学者がどのような作業を行うかを学ぶ単元である。単元名はアナール学派の歴史学者マルク・ブロックの著書『歴史のための弁明—歴史家の仕事』（伊題：*Apologia della storia o mestiere di storico*）を意識したものだと思われる。ここでは，歴史学者の仕事が「選択する」（scegliere），「質問する」（interrogare），「解釈する」（interpretare），「記述する」（scrivere）の4段階に分けて説明されている。このように歴史学者の作業を段階として分ける発想は『歴史のラボラトーリオ』ですでに示されていた。

単元の序文は以下の言葉から始まっている。「歴史学者の仕事はどのようなものになぞらえることができるのか」。この問いに対して，以下の三つの職業が答えとして示されている。一つ目が裁判官（giudice），二つ目が天文学者（altronomo），三つ目が猟師（cacciatore）である[25]。

まず，裁判官の比喩が以下のように表現されている。「多くの人は裁判官の仕事に例える。証人に質問し，何が起きたのかを語らせる。実際，この比喩によって歴史学者の仕事の多くが説明できる。事実（過去に何が起こったのか）を見ることはできないので証人に質問しなければならない裁判官のように，文書や古い物に質問することになる」。裁判官の比喩で強調されているのは，以下の二点であるといえるだろう。一点目は歴史学者も裁判官も過去に何が起こったのかを見ることはできないこと，二点目は過去を明らかにするために何らかの対象に何らかの問いを投げかけるということである。

続く天文学者の比喩は，次のように述べられている。「夜の空を見ることで，天文学者は，そして私達は何を見ることができるのだろうか。輝く星々は多くの者たちには何も喋ってくれない。しかし，天文学者は彼の仕事道具を使い，あの点が10億年以上も前の古い星であるとか，あの点が新しい星であるとか，またある点が双子星かもしくは銀河であるとかを理解することができるのだ」。この比喩において重要なのは，裁判官に対する証人のようには星は喋らないということである。歴史学者が扱う資料も星と同じく喋ってはくれない。

そして三点目が猟師の比喩である。猟師の比喩は具体的に説明されず，読み手自身が考えることを促している。読み手には**資料4**の森の写真が示され，次のような問いが投げかけられる。「君達は猟師だ。周りに獣はいないが，立ち去るわけにはいかない。彼らの痕跡がないか，注意深く周りを見渡してみよう」，「たとえば，小鳥を生け捕ろうと考えた時，どの痕跡を選び，どの痕跡を無視するか」。

この場合，右下にある足跡を選ぶのが正解だろう。続いて，次のような仮定が提示される。「もしサルを調査していて，写真を撮らなければならなかったら」，「もしあなたが環境保護官ならば」。これらの問いが意味するところは，目的が違えば見るものも変わってくるということである。これら三つの比喩は

資料4 森の写真

出所：*L'officina della storia. Laboratorio 1*, pp.4-5.

「選択する」という行為の説明である。最初に「選択する」という行為が位置づけられている点には,「歴史は選択である」と述べたアナール学派の影響を見て取ることができる。

次に「質問する」と「解釈する」の説明がなされている。まず消しゴム付き鉛筆の写真が示され,それに対して「素材は何であるか」「(消しゴムの部分は)何の役に立つのか」といった質問が投げかけられている。「素材は何か」という質問を投げかけた場合,答えは木材である。こうして得られた知識をこの本では「直接的な知識」(conoscenze dirette)と呼んでいる。ここまでが「質問する」に当たる。では「解釈する」とはどのようなものかというと,「直接的な知識」から新たな情報を導き出すことである。例として,「鉛筆の素材は木材である」という知識からは,「この時代には木があるだろう」,「木材加工する職人がいるだろう」,「木を切るためのこぎりがあるだろう」といった情報を得ることができる。この本ではこれらを「推論」(inferenze)もしくは「間接的な知識」(conoscenze indirette)と呼んでいる。

「記述する」の説明は,「歴史学者は自分と他の人のために働く」というタイトルが付けられたページにおいて説明がなされている。西暦3000年の歴史学者が鉛筆に関して述べた文章から情報を読み取る課題が提示されている。この課題を通して,歴史学者は発見したことを記述によって他人に伝達し,その記述が時代の異なる歴史学者たちの新たな資料になることが説明されている。

◆単元「書類の中の町」

次に第1巻第9章「書類の中の町」を見てみよう。この単元は大きくは次の三つから構成されている。一つ目が単元の概要を説明する導入のページ,二つ目が「歴史の記録所」(L'arichivo della storia)というタイトルが付けられている資料を掲載したページ,そして三つ目が「作業の行程」(Il percorso di lavoro)というタイトルが付けられた実際に作業をするページである。

導入のページでは,「何をするのか」(Che cosa faremo)という項目が設けられ,どのような資料を扱うのか,どのような作業を行うのかが説明されている。それと合わせて対象となる資料の時代背景が述べられている。この単元で使われ

ている資料は，中世の市民が結婚や寄贈の際に公証人を使って作成する証書集（cartulario）である。これらを使い「中世市民の生活の側面を発見し，知る」ことが「作業の行程」として説明されている。

続いて「古文書」のページに多数の資料が掲載されている。そのうちの一つ「私邸の売却」を資料5として掲載する。この証書集はバーリのサン・ニコラ教会とその大聖堂に収められていたものである。ただしこの時代のイタリア語と現代のイタリア語は大きく異なる。そのままでは子どもが読むことができないので，これらの証書は現代イタリア語に翻訳されている。

「古文書」に続く「作業の行程」は，「歴史学者の仕事」で説明された四つの段階，すなわち「選択する」「質問する」「解釈する」「記述する」に分かれている。これらの作業はすべて子どもが考えて行うのではなく，ある程度教科書の指示によって行われる。

このようにブルーサの編集する教科書では，多様な歴史とテーマを扱うことで「内容」の「複雑性」を，異なる文体で記述することで「言語」の「複雑性」を，子どもが自ら活動を行う際に多様な資料を提供することで「構造」の「複

資料5 「古文書」の例

4．私邸の売却

父と子と精霊の名において。1093年7月
　バーリ市民にしてニコラ・スパタリーオの息子たる私ブルネッロは貴族と証人の皆様に対して，父の遺産として納屋と店舗が附属した家を相続していたことを宣言します。
　ピエトロ判事の家に近くにあるバーリ市内のこの家を，証人の皆様を前にしまして，あなた，ダウジー・デ・アモルッツオの息子たるアモルッツオに売却いたします。
　そのために，家と店舗，そしてビサンチィオ氏の息子たるパサッロの店舗の近くになる別の店舗をあなたに売却します。合わせて，扉・窓・バルコニー・木の屋根と樋，そして共同の井戸がある共用の中庭への入り口と出口，そして現在は壊れている石階段の近くにある共用の中庭の一部，これらを合わせて売却します。
　この契約が遵守されなかった場合，私は金貨百枚を罰金として支払います。
†私レオーネは証人としてここに署名します。
†アンドロニーコの息子メリチャッカ。
†私オットーネは証人としてここに署名します。

出所：*L'officina della storia. Laboratorio 1*, p.83.

雑性」を，それぞれ保障しているといえよう。また『歴史の教科書』で示された教科書の構成要素である「テキスト」，「図像」，「索引カード」，「用語解説」，「練習」，「市民教育」，「地理カード」，「活動」はすべてこの教科書に取り込まれている。

　これまで見てきたように，ブルーサの作成した教科書は授業過程と合致するような構造として整備されている。子どもが自主的に学習する教材として有意であるし，また本書第4章で指摘したようにキャリアの浅い若年教員の授業を補佐できるという利点もある。

小　括

　本章では，2006年に出版された研究書『歴史の教育―歴史的ラボラトーリオの教育に関する指導書』を中心に，歴史教育研究者が現在のパラダイムをどのように捉えているのかを明らかにした。マットッチィやデルモナコは1978年に提起された研究，特にランベルティの「ラボラトーリオ」論がもっていた意義を再評価し，今一度実践を理論づける原論の必要性を主張している。その際に「国の指針」が仮想敵として想定されている。

　一方ブルーサは，新しい時代に対応した教科書の理論を構築し直した。実際の教科書では，多様な歴史とテーマを扱うことで「内容」の「複雑性」を，異なる文体で記述することで「言語」の「複雑性」を，子どもがみずからと活動を行う際に多様な資料を提供することで「構造」の「複雑性」を，それぞれ保障している。またweb上に資料を配することで，『歴史の教科書』で構想された「ハイパーテキスト」の概念を実現している。彼の教科書は授業過程の枠組みを明示しているという点において，若年教員向けのものと捉えることができる。

　カリキュラム論争以降の歴史教育研究においては，多様性・複雑性という言葉がキーワードになっている。それは，カリキュラムへの世界史という視点の導入に見られるように，イタリア国内における多様性・複雑性ではなく，ヨーロッパもしくはグローバルな世界における多様性・複雑性である。

第6章　歴史教育研究の現在

1) リュシアン・フェーヴル著, 長谷川輝夫訳『歴史のための闘い』平凡社, 1995年, p.177（原文の一部が省略されて掲載されている）。
2) Paolo Bernardi (a cura di), *Insegnare storia. Guida alla didattica del laboratorio storico*, p. XII.
3) Aurora Delmonaco, *La storia insegnata in laboratorio：le ragioni di una scelta didattica* in Paolo Bernardi (a cura di), *Insegnare storia. Guida alla didattica del laboratorio storico*, UTET Universita, Torino 2006, pp.21-38.
4) *ibid.*, p.21.
5) *ibid.*, p.21.
6) Ivo Mattozzi, *La mente laboratoriale*, in Paolo Bernardi (a cura di), *Insegnare storia. Guida alla didattica del laboratorio storico*, UTET Universita, Torino 2006, pp.9-17.
7) *ibid.*, p.10.
8) *ibid.*, p.12.
9) *ibid.*, p.13.
10) Ivo Mattozzi, *La storia nelle "Indicazioni ministeriali" per la scuola elementare: una questione di metodo*, in "Indicazioni nazionali" e "profili educativi" Editcomp, Bologna 2003, pp.81-89.
11) Antonio Brusa, *Il manuale, uno strumento per la didattica laboratoriale*, in A cura di Paolo Bernardi, *Insegnare Storia. Guida alla didattica del laboratorio storico*, UTET Università, Milano 2006, pp.79-104.
12) Antonio Brusa, *La didattica sotto accusa*, in "I viaggi di Erodoto", n.35, 1998, p.43.
13) Antonio Brusa, *Il manuale, uno strumento per la didattica laboratoriale*, pp.88-89.
14) *ibid.*, p.88.
15) *ibid.*, pp.82-85.
16) *ibid.*, pp.88-89.
17) *ibid.*, pp.86-87.
18) Antonio Brusa, Scipione Guarracino, Alberto De Bernardi, *L'officina della storia 1*, Edizioni Scolastiche Bruno Modadori, Firenze 2008.
　　Antonio Brusa, Scipione Guarracino, Alberto De Bernardi, *L'officina della storia 2*, Edizioni Scolastiche Bruno Modadori, Firenze 2008.
　　Antonio Brusa, Scipione Guarracino, Alberto De Bernardi, *L'officina della storia 3*, Edizioni Scolastiche Bruno Modadori, Firenze 2008.
19) Antonio Brusa, Luciana Bresil, Gabriella Fusi, Francesco Impellizzeri, Mimma Tamburiello, *L'officina della storia. Laboratorio 1*, Edizioni Scolastiche Bruno Modadori, Firenze 2008.
　　Antonio Brusa, Luciana Bresil, Gabriella Fusi, Francesco Impellizzeri, Mimma Tamburiello, *L'officina della storia. Laboratorio 2*, Edizioni Scolastiche Bruno Modadori, Firenze 2008.
　　Gabriella Fusi, Francesco Impellizzeri, Pina Perdon, Nicoletta Pontalti, *L'officina della storia. Laboratorio 3*, Edizioni Scolastiche Bruno Modadori, Firenze 2008.

20) Antonio Brusa, Scipione Guarracino, Alberto De Bernardi, *L'officina della storia 1*, pp.2-3.
21) *ibid.*, p.13.
22) *ibid.*, p.13.
23) *ibid.*, p.14.
24) *ibid.*, p.14.
25) Antonio Brusa, Luciana Bresil, Gabriella Fusi, Francesco Impellizzeri, Mimma Tamburiello, *L'officina della storia. Laboratorio 1*, pp.4-5.

終章 イタリアの歴史教育理論の特徴と課題
■「探究」が結びつける歴史教育と歴史学

1 本研究の成果

　本書では，イーボ・マットッチィの論文が発表された1978年から現在までのイタリアの歴史教育研究を検討し，その理論的特徴を明らかにしてきた。その際に，1978年から1985年，1985年から2001年，2001年から現在までという三つの時期区分を意識し，歴史教育と歴史学の関係，教育目的，教育目標，学習対象となる歴史，生徒の学習，教材・教具としての教科書，それぞれの研究者の立場という七つの分析視角から検討を行った。その研究動向をまとめると表終-1のようになる。

　第1章「学習プログラムに見る歴史教育の変遷—歴史学を取り入れた歴史教育への移行—」では，2012年までの学習プログラムにおける歴史科の歴史的変遷について検討を行った。その結果，歴史科の以下のような歴史的変遷が明らかになった。

　歴史科が誕生したのは，公教育の中で国家の公定する価値が扱われ始めた1880年代である。以降，第二次世界大戦が終結するまでの歴史科では，国家の公定する価値を伝達することが目的とされていた。第二次世界大戦後の1945年学習プログラムでは，学習内容に身近な歴史と人間社会の歴史が加わり，それまでの教師の講義に加えて子どもの活動が重視されるようになった。さらに発達の段階によって学習を変えていくという考え方もこの時に定着した。この学習プログラムまでは，学習内容を理解することが歴史科の教育目標であった。

　1985年学習プログラムにおいても同様に，子ども自身の学習活動が重視されている。それまでの学習プログラムと異なっているのは，活動を通して身に

表 終-1　イタリア社会と歴史教育研究の動向（1960年代から現在）

年	イタリア社会	イタリアの公教育	イタリアの歴史教育研究
1960	59～62　奇跡と呼ばれる経済成長 69　学生運動・労働運動が激化	62　前期中等教育の単線化（職業学校の廃止）	49　Insmli設立
1970	74　石油危機などで経済状態が悪化	74　学校行政の地方委譲を定めた第416法制定 77　「教育の計画化」を定めた第517法制定 79　前期中等教育1979年学習プログラム公布	78　マットッチィ「探究としての歴史のための教科書批判」，ランベルティ「歴史のラボラトーリオのために」
1980	83　キリスト教民主党（DC）が戦後初めて野党になる	85　初等教育1985年学習プログラム公布	83　グアラッチーノ『歴史学と歴史教育のための指導書』，Landis設立 85　ヴェネチィアでの集会 87　『ヘロドトスの旅』創刊 88　マットッチィ「潜在するカリキュラム」
1990	92～93　汚職摘発事件，政界再編が進む 96　中道左派連合「オリーブの木」が政権奪取	90　1985年学習プログラムの理念を実現するための教育改革 96　各学校段階で1900年代の歴史を学習することを義務化した第682号法制定	90　マットッチィ『歴史のためのカリキュラム』 91　ブルーサ三部作 98　ブルーサ「新しい歴史学習プログラムに向けて」，Clio'92の設立
2000	01　中道右派連合「自由の家」が政権奪取 06　中道左派連合「ル ニオーネ」が政権奪取 08　中道右派連合「自由の人民」が政権奪取	01　政権交代で学校段階の改革法案が凍結 04　「国の指針」公布 07　「カリキュラムのための指針」公布 08　義務教育期間延長	00　研究団体による垂直カリキュラム案 01　歴史カリキュラム論争 06　ベルナルディ編『歴史の教育』
2010	11　金融危機等でベルルスコーニ首相が退陣	12　「カリキュラムのための指針」公布	

終　章　イタリアの歴史教育理論の特徴と課題

つけられる歴史的な能力それ自体に意味を見出していること，子どもの学習活動が歴史学によっても意味づけられているということの二点である。しかし，子どもの学習，教育目標として位置づけられた能力，学習内容の三者の関係は，先行研究者も指摘しているように十分に整理されていなかった。

　これらの関係に整理されるようになったのは，2004年の「国の指針」からである。この「国の指針」においては，理解すべき学習内容が「教科の知識」として教育目標となり，「教科の能力」とともに併記されることになった。さらに2007年の「カリキュラムのための指針」において，身につけるべき能力と理解するべき知識との関係を捉える「コンピテンス」という単語が登場し，教育目標の中で両者を統合する試みがなされ始めた。そして，「コンピテンス」を獲得するための学習という関係が明確になったのである。しかし，2007年と2012年のカリキュラムにおいては，「コンピテンス」と「学習の目標」の関係が十分に整理されていないという弱点を抱えている。

　まとめると，学習プログラムの変遷においては，子どもの学習が歴史学の知見を援用して組織するものに変わったという転機と，「コンピテンス」という言葉を用いて能力と知識を不可分のものとして捉えるという転機があったことが明らかになった。

　第2章「歴史教育研究の成立―『探究』する歴史教育の提起とその後の発展―」では，第1章で取り上げた政策転換の裏にあった歴史教育理論の変遷を明らかにした。

　まず，マットッチィとランベルティの理論を取り上げ，「探究」を中心に据えた歴史教育の実態を明らかにした。マットッチィは歴史学の変化を踏まえたうえで，固定と強制を排除することで子どもが自主的に「探究」を行う歴史教育を構想した。一方ランベルティは，学校を生産的な場所に変えることを意図し，その場所と学習形態に「ラボラトーリオ」という呼称を与えた。マットッチィの主張と比べると，ランベルティは学校における再生産を防ぐために，子どもに身につけさせるもの，すなわち教育目標を明確にすることを意識している。彼らの理論にはデューイの教育理論および生涯学習の理論との共通性が指摘できる。つまり，歴史教育研究は学校を変革し，教師と子どもがともに学び

続けるという目的をもって誕生したのである。

　次に，彼らが提起した論点に関する研究を検討し，歴史教育研究のその後の展開を明らかにした。その研究は，「探究」の前提を探ることから生まれた「垂直カリキュラム」に関する研究と，日々の授業から学校そのものを改革していこうとする「ラボラトーリオ」論に焦点づけられる。「垂直カリキュラム」に関する研究では，主に以下の二点が課題として取り組まれた。一点目は，イタリアの歴史教育カリキュラム特有の性格として認識された「非継続性」と「循環性」を克服するという課題である。二点目は，「探究」を行うための前提を後期中等教育から初等教育へとさかのぼって確定させるという課題である。「ラボラトーリオ」に関する研究では，急激な改革よりも学校に根差した漸進的な改革が志向され，歴史の発展学習として「ラボラトーリオ」が位置づけられることとなった。

　以上のことから，生涯学習の理論に影響を受けながら誕生したために，カリキュラム論においては社会に出たときに歴史は何の役に立つのかという視点が，授業論においては公教育の外で行われる教育や研究とどのように連携していくのかという視点が歴史教育理論に内包されたのである。ただし，理論が普及する過程においては，過度な一般化や批判的な視点の欠落といった問題を抱えた。

　第3章「イーボ・マットッチィの歴史教育理論―『歴史の教養』を身につける歴史教育―」では，マットッチィの歴史教育理論を初等教育と後期中等教育のカリキュラム論を中心にして明らかにした。

　初等教育のカリキュラム研究では，子どもの理解を基軸にして，知識概念の見直しが試みられている。どのようにして知識が習得されるのかという問いにより，マットッチィは知識の習得と「探究」の相互補完的な関係を見出した。すなわち知識の習得には「探究」を行うことが必要なのであり，「探究」を行う際にはそれまで習得した知識が役立つのである。しかし，習得した知識は固定されたものとして捉えられているわけではない。もしくは，習得された知識が個人の中で永遠に保持されることも想定されてはいない。彼が学校教育の到達点として想定したのは，「歴史の教養」であり，それを身につけることで批

判的な市民となり，自ら歴史を再構築していくことを求めている。マットッチィによって，歴史教育における教育目標と子どもの学習がどのように発展し，そしてどのように関係するのかが整理された。一方で教育目標の精選は，マットッチィの初期の論文の根幹にあった歴史教育における固定と強制の排除と矛盾するという問題を抱えてしまうことになった。

　第4章「アントニオ・ブルーサの歴史教育理論―教科書論から構築される歴史教育―」では，ブルーサの歴史教育理論についてマットッチィの歴史教育理論との違いに留意しながら明らかにした。

　まず，ブルーサが歴史教科書をどのように捉えているのかを明らかにした。教科書を使用するべきなのか否かという問いは，教科書は「探究」を行う際の資料足り得るのか否かという問いに置き換えることができる。マットッチィは教科書という枠組みが生徒の「探究」を固定化し，閉じられた歴史教育になることを危惧していた。それに対してブルーサは「ハイパーテキスト」という概念を持ち出し，開かれた教科書の形を構想している。

　次に，ブルーサが学習プログラムをどのように解釈し，教育目標をどのように整理しているのかを検討した。その結果，ブルーサが設定している教育目標は，「時間に関する能力」，「ラボラトーリオの能力」，「考察の能力」の三つである。その大枠を国家が設定することで，日常的な実践の領域と教育政策を決定する政治の領域を切り離そうとしていることを明らかにした。

　そして，「ラボラトーリオの能力」について，より詳細な検討を行った。「ラボラトーリオの能力」は，「歴史の文法」と言い換えられ，その具体的な中身は「文献資料の概念」，「素材の選択」，「素材に対する尋問・解釈」，「取り出した情報の活用」の四つである。そして「歴史の文法」は，生徒が新しい歴史を評価し，オルタナティブな歴史を生み出していくものとして位置づけられていることを明らかにした。

　まとめると，ブルーサの歴史教育理論は，様々な歴史を受容する際に必要な「時間に関する能力」，自ら歴史を生み出す「ラボラトーリオの能力」，それらを総合する「考察の能力」を一貫して基盤としている。そして能力の定義は，学習内容の選択基準となっているのである。授業という具体的な場面から構築

されるブルーサの歴史教育理論は，授業として成立することが常に意識されている。一方で，政治領域と実践領域を切り離そうという試みは，公教育と歴史教育研究・実践が同じ方向性であることを前提としており，方向性が異なったときに歴史教育研究・実践はどのような立ち位置を取るべきなのかがこの時点では明らかにされていなかった。

　マットッチィの歴史教育理論とブルーサの歴史教育理論の異同について考察すると，まず教科書を使うのか・使わないのかという対立は，教科書を「探究」を行う際の資料としてみなすことができるのか・できないのかという対立に置き換えることができる。教科書を資料とみなす実践を提起したブルーサに対して，マットッチィはあくまでも教科書の廃棄を訴える。ただし，マットッチィは歴史学者の文献を資料として用いることは許容している。歴史学者の文献を資料として用いることは，教師に自由を与える代わりに高い専門性を要求する。それに対して，ブルーサの目指す方向性は最初の著作が示すとおり教育技術に焦点を当てた考え方であり，万人が同じように実践できることを目指している。このことから，教科書を使うのか・使わないのかという対立は，どのような教師像を想定するのかの違いとも捉えることができる。

　それに加えて，歴史を発展的な史観で見るのかどうかという違いも存在する。マットッチィはどの時代を捉えるとしても難度に差はなく，子どもの理解を考慮に入れれば，近現代史の学習が容易であるという立場に立つ。一方でブルーサは発展的な史観に立ち，人類社会は単純な形態から複雑な形態へ移行しているとみなしている。この対立は，学習内容の系統性を考える際に子どもの理解を重視して系統性を考えるのか，歴史の発展史観を重視して系統性を考えるのかという対立と置き換えることができる。

　第5章「歴史カリキュラム論争における論点―歴史教育における能力観の転換―」では，1990年代後半から始まったカリキュラム研究とそれに伴う論争を検討し，外部からの批判にさらされた歴史教育研究が新たにどのような進展を見せたのかを明らかにした。

　「垂直カリキュラム」に関する研究はInsmliやLandisなどの民間研究団体が中心となって進められた。その研究に大きな影響を与えたのは，ブルーサによ

終　章　イタリアの歴史教育理論の特徴と課題

るカリキュラムの枠組みである。ブルーサは学習内容を人類史に定め，農業社会への移行，工業社会への移行を転機として，人類史を三つの時代に区分した。そして，第1サイクルでは歴史を学ぶうえで基礎となる学習を，第2サイクルでは歴史の流れを追う学習を，第3サイクルではテーマを設定したうえでの「探究」を行うことを提唱した。この提起は大きな影響力をもち，民間研究団体が合同で発表した垂直カリキュラムの試案はほぼこの枠組みを採用した。その後，ブルーサやカヤーニが学習プログラムを作成する委員会に参加したことで，公教育に対しても影響を及ぼすことになる。

　この委員会が発表した初等教育の学習プログラムの構想においても，世界史の視点を強調し，学年によって学習方法を変えていくカリキュラムが提示されている。この論文に対しては，歴史学者がマニフェストという形で反対を表明した。その主張を要約すると，新しいカリキュラムではイタリア史が十分に学ばれず，イタリア人やヨーロッパ人としてのアイデンティティを崩壊させるというものであった。この批判に対するマットッチィとブルーサの応答は，歴史教育における新たな考え方を提起している。両者が強調しているのは，教育目標たる能力と知識の結びつきであり，ここに能力間の転換があったことがわかる。特にブルーサは能力という言葉に変えて「コンピテンス」という言葉を用いており，「コンピテンス」は知識とのつながりを前提として規定されるものであると主張している。

　能力と知識を不可分のものと捉える「コンピテンス」という考え方は，2007年・2012年の「カリキュラムのための指針」に影響を及ぼしたと考えられる。またこの論争では，歴史教育研究が十分に明らかにしてこなかった「イタリアの歴史が規定するイタリアの歴史教育研究固有の問題，特に学習内容に関する問題は何か」という問いが初めて自覚される契機になったといえる。

　第6章「歴史教育研究の現在―『歴史教育研究者』による歴史教育理論―」では，2006年に出版された研究書『歴史の教育―歴史的ラボラトーリオの教育に関する指導書』を中心に，歴史教育研究者が現在のパラダイムをどのように捉えているのかを明らかにした。

　マットッチィやデルモナコは1978年に提起された研究，特にランベルティ

の「ラボラトーリオ」論がもっていた意義を再評価し，今一度実践を理論づける原論の必要性を主張している。一方ブルーサは，新しい時代に対応した教科書の理論を構築し直した。実際の教科書では，多様な歴史とテーマを扱うことで「内容」の「複雑性」を，異なる文体で記述することで「言語」の「複雑性」を，子どもが自ら活動を行う際に多様な資料を提供することで「構造」の「複雑性」を，それぞれ保障している。またweb上に資料を配することで，『歴史の教科書』で構想された「ハイパーテキスト」の概念を実現している。彼の教科書は授業過程の枠組みを明示しているという点において，若年教員向けのものと捉えることができる。

　カリキュラム論争以降の歴史教育研究においては，多様性・複雑性という言葉がキーワードになっている。それは，カリキュラムへの世界史という視点の導入に見られるように，イタリア国内における多様性・複雑性ではなく，ヨーロッパもしくはグローバルな世界における多様性・複雑性である。

　以上のことから，イタリアの歴史教育理論の特徴は以下のようにまとめることができる。大きな特徴は，歴史学を参照した歴史教育が構想された際，歴史学の成果によって学習内容を改訂するのではなく，新しい歴史学の手法を取り入れた子どもの主体的な学習を構想した点にある。つまり，「探究」という子どもの学習によって，歴史教育と歴史学は結びつけられた。初期の研究では生涯学習の理論によって，その後は教育心理学の理論によって，子どもの主体的な学習は様々な角度から意味づけられてきた。イタリアの歴史教育研究は，「探究」を中心に据えた学際的な研究であったともいえるだろう。

　「探究」を実践するための能力が教育目標として整理されていく一方で，学習の対象となる歴史，すなわち学習内容に関する研究はその後を追うことになった。学習内容の検討はカリキュラム研究が進められた際に行われた。そこでは，個々の歴史事象をどのように捉えるのかではなく，カリキュラムを設定するためにどのような枠組みがふさわしいのかが歴史学より学ばれた。その際に，イタリア国内の歴史学よりもイタリア国外の歴史学の成果が重視されたことも特徴的な点である。現在はそれがさらに発展し，能力と知識がどのように結びつけられるべきなのかが検討されている。歴史教育と歴史学を最初に結び

つけたものが「探究」という子どもの学習活動であったことが，その後のイタリアの歴史教育理論の方向性を決定づけたといえる。

2　イタリアの歴史教育研究の到達点と課題

　最後に，イタリアの歴史教育研究における到達点と課題を明らかにしておきたい。研究上の最も重要な到達点は，初等教育から後期中等教育までの一貫したカリキュラムを構築したことであろう。「非継続性」と「循環性」の克服という問題意識から始まった「垂直カリキュラム」の研究によって，教育目標と学習内容，そして子どもの学習の関係が整理され，学年が進むにつれてより学習が高次になっていく道筋が整理された。その中でも，「ラボラトーリオ」という概念をカリキュラムの中に位置づけ，その学習を行うための前提と身につけるべき能力を教育目標として明確にしたことが特筆すべきこととして挙げられる。

　日本の歴史教育研究と比較した場合，イタリアの歴史教育研究には以下のような独自性がある。まず歴史教育研究が授業論だけではなく，学校変革論も含んだ非常に大きなものになったことである。これはランベルティが提起した「ラボラトーリオ」という概念の賜物であろう。それに加えて，イタリアの歴史教育研究では歴史学という言葉がどの立場の歴史学を指すのか，それがどのような思想をもっているかに非常に自覚的であった。それゆえに，歴史教育と歴史学の結合が試みられる際に，それが思想的な側面から検討された。さらに，生涯学習との関係が意識されていたため，歴史を学ぶことは成人にとってどのような意味があるのかという問いが常に意識されていたのである。

　一方で，イタリアの歴史教育研究固有の課題として以下のようなものを挙げることができる。まずは，「ラボラトーリオ」という概念が多様化したことである。知識再生中心の歴史教育を批判する文脈で捉えられた「ラボラトーリオ」は，公教育のカリキュラムの中で確固たる位置を獲得した。しかし，様々な論者が様々に「ラボラトーリオ」という言葉を使用した結果，講義をやめて活動すればよいという誤った解釈も生まれてしまった。2006年の研究に関しても，

145

「ラボラトーリオ」という言葉に統一的な見解は生み出せていないのである。

次に,「探究」のような学習活動が学力格差をもたらす可能性があるという点については,深い考察がなされていない。歴史教育の目的が単なる知識の再生ではなく,自ら行う「探究」となるならば,子どもに要求されることは複雑になり,結果としてその到達度には差が出てくると考えられる。またマットッチィやブルーサが構想した子どもの発達にもとづくカリキュラムは,事前の学習を次の学習の前提としているため,一度学習につまずいてしまった子どもはその後もつまずき続けることになると考えられる。つまずく子どもが増えてしまうと,かつて学校の再生産をなくすためと位置づけられていた「探究」は学習ができる子どもの特権となり,むしろ再生産を助長するという事態に発展してしまうのではないだろうか。教育評価論の視点から学習の成果をすべての子どもに保障するための歴史教育を再考する必要があるだろう。

そして,最初は自覚的であった歴史教育の思想的な側面にだんだんと注意が払われなくなってきたことが挙げられる。第5章の歴史カリキュラム論争の際にも言及したように,教育的課題を解決するために異なった学問的背景をもつ歴史学の研究成果が混在して使われるという事態を招いている。またアナール学派の歴史学が歴史学研究において大きな影響力をもっていた時代は過ぎ去っていることにも注意しなければならない。新しい歴史学研究の成果を受けて,これまで積み上げられてきた研究成果も見直されなければならない時期にきている。

最後に,イタリアの歴史が歴史教育にどのような影響を及ぼすのかは,十分に検討されていない。確かに,イタリアの歴史教育研究を主導した団体はレジスタンスの歴史を研究していた団体が母体となっており,その点においては,イタリアの歴史が歴史教育に影響を与えているといえる。一方で,イタリアと他国との関係が歴史教育に対してどのような影響を与えているのかは深く考察されていない。イタリア国内では,ファシズムが相対的に評価される言説に注意が喚起され,日本でもそのような傾向に警鐘をならした『反ファシズムの危機―現代イタリアの修正主義』[1]などが紹介されている。また2000年代後半頃から意識されるようになった移民の師弟を念頭に置いた歴史教育理論がこれか

ら特に求められるだろう。

　本稿で取り上げたマットッチィやブルーサは歴史教育研究の初期の頃から活躍した研究者である。彼らの次の世代の研究者の論に着目しつつ，上記で挙げられた課題がどのように克服されようとしているのか明らかにすることを今後の課題としたい。

1) セルジョ・ルッツァット著,堤康徳訳『反ファシズムの危機―現代イタリアの修正主義』岩波書店，2006年。

引用・参考文献一覧

【イタリア語著作】　A（a cura di）→ A編,（Traduzione di A）→ A訳

Paolo Bernardi (a cura di), *Insegnare storia. Guida alla didattica del laboratorio storico*, UTET Università, Torino 2006.

Marc Bloch (Traduzione di Giuseppe Gouthier), *Apologia della storia o Mestiere di storico*, Enaudi, Torino 1998.

Antonio Brusa, *Guida al manuale di storia. Per insegnanti della scuola media*, Editori Riuniti, Roma 1985.

Antonio Brusa, Francesco Omodeo Zorini, Scipione Guarracino, *I nuovi programmi di storia delle elementari*, in "Italia contemporanea", n.159, 1985, pp.105-118.

Antonio Brusa, *Quali contenuti in quali tempi e con quali obiettivi*, in "I viaggi di Erodoto", n.1, 1987, pp.142-145.

Antonio Brusa, *Fare storia coi modelli*, in "I viaggi di Erodoto", n.6, 1987, pp.158-169.

Antonio Brusa, *Il manual di storia*, La Nuova Italia, Scandicci (Firenze) 1991.

Antonio Brusa, *Il programma di storia*, La Nuova Italia, Scandicci (Firenze) 1991.

Antonio Brusa, *Il laboratorio storico*, La Nuova Italia, Scandicci (Firenze) 1991.

Antonio Brusa, *World history fra ricerca e didattica*, in "I viaggi di Erodoto", n.33, 1997, pp.2-4.

Antonio Brusa, *La didattica sotto accusa*, in "I viaggi di Erodoto", n.35, 1998, pp.40-49.

Antonio Brusa, *Verso i nuovi programmi di storia*, in "Insegnare", n.8, 1998, pp.32-37.

Antonio Brusa, *La storia da insegnare : Tra dibattito passato e problemi futuri*, in "il Mulino", n.50, 2001, pp.545-550.

Antonio Brusa, Anna Brusa, Marco Cecalupo, *La terra abitata dagli uomini*, Progedit, Bari 2003.

Antonio Brusa, Luigi Cajani (a cura di), *La storia è di tutti*, Carocci, Roma 2008.

Antonio Brusa, Scipione Guarracino, Alberto De Bernardi, *L'officina della storia 1*, Edizioni Scolastiche Bruno Modadori, Firenze 2008.

Antonio Brusa, Scipione Guarracino, Alberto De Bernardi, *L'officina della storia 2*, Edizioni Scolastiche Bruno Modadori, Firenze 2008.

Antonio Brusa, Scipione Guarracino, Alberto De Bernardi, *L'officina della storia 3*, Edizioni Scolastiche Bruno Modadori, Firenze 2008.

Antonio Brusa, Luciana Bresil, Gabriella Fusi, Francesco Impellizzeri, Mimma Tamburiello, *L'officina della storia. Laboratorio 1*, Edizioni Scolastiche Bruno Modadori, Firenze 2008.

Antonio Brusa, Luciana Bresil, Gabriella Fusi, Francesco Impellizzeri, Mimma Tamburiello, *L'officina della storia. Laboratorio 2*, Edizioni Scolastiche Bruno Modadori, Firenze 2008.

Gabriella Fusi, Francesco Impellizzeri, Pina Perdon, Nicoletta Pontalti, *L'officina della storia. Laboratorio 3*, Edizioni Scolastiche Bruno Modadori, Firenze 2008.

Luigi Cajani, A world history curriculum for the Italian school. in "World History Bulletin", n.18(2), 2006, pp.26-32.

Laura Capobianco, Guido D'Agosto, *"Laboratorio di storia" La proposta didattica degli istituti della Resistenza*, in "Italia contemporanea", n.158, 1985, pp.107-110.

Marco Civica, *I programmi della scuola elementare dall'Unità d'Italia al 2000*, Marco Valerio, Torino 2002.

Clio '92, *Tesi sulla didattica della storia*, in "I Quaderni di Clio '92", n.1, 2000, pp.14-34.

Tobia Cornacchioli, *Lineamenti di Didattica della Storia. Dal sapere storico alla storia insegnata: la mediazione didattica*, Pellegrini Editore, Cosenza 2002.

Giulio de Martiono, *La didattica della storia. Introduzione alla libertà di insegnare e sperimentare*, Liguori Napoli 2003.

Marcello Dei, *La scuola in Italia*, Mlino, Bologna 2000.

Aurora Delmonaco, *Dove si costuisce la memoria. Il laboratorio di storia, in Dalla memoria al progetto. Seminario di formazione per Docenti,* "Quaderni. Formazione Docenti" del Ministero della Pubblica Istruzione-Direzione Generale Istruzione Classica Scientifica e Magistrale, n.5, 1995, pp.43-59.

Aurora Delmonaco, *Una memoria per il futuro. Esperienze nell'Insmli e nel Landis*, in "Italia contemporanea", n.219, 2000, pp.322-327.

Gianna Di Caro, *La storia in laboratorio*, Carocci, Roma 2005.

Gianni Di Pietro, *Da strumento ideologico a disciplina formativa. I programmi di storia nell'Italia comtemporanea*, B.Mondadori, Milano 1991.

Hilda Girardet, *Storia, geografia e studi sociali nella scuola elementare*, La Nuova Italia, Firenze, 1985.

Scipione Guarracino, *Guida alla storiografia e didattica della storia*, Editori Riuniti, Roma 1984.

Scipione Guarracino, *Guida alla prima storia. Per insegnanti della scuola elementare*, Editori Riuniti, Roma 1987.

Maurizio Gusso, *Didattica della storia: ricerca e laboratorio. Il dibattio italiano (1967-1985). Bibliografia ragionata*, in Ornella Clementi, Grazia Marcialis, Teodoro Sala (a cura di), *La storia insegnata. Problemi, proposta, esperienza*, Bruno Mondadori, Milano 1986, pp.270-283.

Maurizio Gusso, *Dal programma ai curricoli*, in "I viaggi di Erodoto", n.1, 1987, pp.148

-165.

Maurizio Gusso, *Insegnamento della storia e curricolo verticale*, in "Italia contemporanea", n.172, 1988, pp.89-99.

IRRE Calabria, *L'insegnamento della storia nel curriculo di base*, Rubbettino, Sovieria Mannelli 2002.

Raffaella Lamberti, *Per un laboratorio di storia*, in "Italia contemporanea", n.132, 1978, pp.75-88.

Lucio Lombardo Radice, *Specializzazione e interdisciplinarità*, in AA.VV., *Didattica delle 150 ore*, Editori Riuniti, Roma 1975, pp.168-182.

Ivo Mattozzi, *Contro il manuale, per la storia come ricerca. L'insegnamento della storia nella scuola secondaria*, in "Italia contemporanea", n.131, 1978, pp.63-79.

Ivo Mattozzi, *Il curricolo sommerso*, in "I viaggi di Erodoto", n.5, 1988, pp.142-149.

Ivo Mattozzi (a cura di), *Un curricolo per la storia*, Cappelli Editore, Bologna 1990.

Ivo Mattozzi, *La cultura storica: Un modello di costruzione*, Faenza Editrice, Faenza 1990.

Ivo Mattozzi, *Che il piccolo storico sia!*, in "I viaggi di Erodoto", n.16, 1992, pp.170-180.

Ivo Mattozzi, Vincenzo Guanci (a cura di), *Insegnare ad apprendere storia*, Irrsae Emilia-Romagna, Bologna 1995.

Ivo Mattozzi, *Pensare la nuova storia da insegnare*, in "Societa e storia", n.98, 2002, pp. 785-812.

Ivo Mattozzi, *La storia nelle "Indicazioni ministeriali" per la scuola elementare : una questione di metodo*, in "Indicazioni nazionali" e "profili educativi", Editcomp, Bologna 2003, pp.81-89.

Walter Panciera, Andrea Zannini, *Didattida della storia. Manuale per la formazione degli insegnanti*, Felice Le Monnier, Firenze 2006.

Giuseppe Ricuperati, *Tra didattica e politica: appunti sull'insegnamento della storia*, in "Rivista di storia contemporanea", n.4, 1972, pp.496-516.

Giuseppe Ricuperati, *Manuali e testi 《alternativi》 nella scuola secondaria*, in "Italia contemporanea", n.128, 1977, pp.69-85.

Pasquale Roseti (a cura di), *Storia-Geografia-Studi Sociali*, Nicola Milano Editore, Milano 1992.

Teodora Sala, *I percorsi accidentati, ma praticabili, della storia insegnata. Un convegno degli Istituti sul curricolo verticale*, in "Italia contemporanea", n.171, 1988, pp.97-100.

【日本語著作】(訳本を含む)

梅根悟編著『世界教育史大系13―イタリア・スイス教育史』講談社，1977年。

ルイージ・カヤーニ著，古泉達矢訳「コスモポリタニズム・ナショナリズム・ヨーロッパ主義」『歴史学研究』815号，2006年，pp.17-23。
北原敦『イタリア近現代史研究』岩波書店，2002年。
北原敦編『イタリア史』山川出版社，2008年。
久野弘幸『ヨーロッパ教育―歴史と展望』玉川大学出版部，2004年。
小林甫『教育社会史―日本とイタリアと』東信堂，2010年。
佐藤一子『イタリア学習社会の歴史像―社会連帯にねざす生涯学習の協働』東京大学出版会，2010年。
杉野竜美「外国人生徒への教育支援―イタリアのケース・スタディから」山内乾史編著『開発と教育協力の社会学』ミネルヴァ書房，2007年，pp.70-81。
竹岡敬温『「アナール」学派と社会史―「新しい歴史」へ向かって』同文館，1990年。
田中耕治『指導要録の改訂と学力問題』三学出版，2002年。
田中耕治『教育評価』岩波書店，2008年。
二宮宏之『マルク・ブロックを読む』岩波書店，2005年。
速水融『歴史人口学で見た日本』文藝春秋，2001年。
バルビアナ学校著・田辺敬子訳『イタリアの学校変革論』明治図書，1979年。
リュシアン・フェーヴル著，長谷川輝夫訳『歴史のための闘い』平凡社，1995年。
ピエール・ブルデュー著，ジャン＝クロード・パスロン著，宮島喬訳『再生産』藤原書店，1991年。
フェルナン・ブローデル著，金塚貞文訳『歴史入門』太田出版，1995年。
フェルナン・ブローデル著，松本雅弘訳『文明の文法Ⅱ―世界史講義』みすず書房，1996年。
マルク・ブロック著，松村剛訳『歴史のための弁明―歴史家の仕事』岩波書店，2004年。
前之園幸一郎「イタリアの教育改革と教育課程」『世界の教育課程改革』民主教育研究所，1996年，pp.73-99。
前之園幸一郎「イタリアの教育改革――九八五年『学習プログラム』をめぐって」『理想』第658号，1996年，pp.49-58。
アーサー・マッケン著・南條竹則訳『輝く金字塔』国書刊行会，1990年。
森田鉄郎・重岡保郎『イタリア現代史』山川出版社，1998年。
嶺井正也「イタリア中道右派政権・モラッティ教育改革に関する一考察」『教育制度学研究』第10号，2003年，pp.51-67。
セルジョ・ルッツァット著，堤康徳訳『反ファシズムの危機―現代イタリアの修正主義』岩波書店，2006年。

【その他の言語】
Education: The complete Encyclopedia, Elsevier Science, 1998.
Jean Piaget, Biology and Knowledge, The University of Chicago Press, Chicago 1971.

【報告書・報告論文】

Commisione di studio per il programma di riordino dei cicli di istruzione, *Verso i nuovi curricoli*, 7/2/2001,
　http://www.edscuola.it/archivio/norme/programmi/nuovicicli.pdf, 2013/10/31確認。
Ministero della pubbulica istruzione, *Indicazioni per il curricolo per la scuola dell'infanzia e per il primo ciclo d'istruzione*, 9/2007,
　http://www.indire.it/indicazioni/templates/monitoraggio/dir_310707.pdf,
　2013/01/05確認。
Ministero dell'istruzione, dell'università e della ricerca, *Indicazioni per il curricolo per la scuola dell'infanzia e per il primo ciclo d'istruzione*, 4/9/2012,
　http://www.flcgil.it/files/pdf/20120906/indicazioni-nazionali-2012-per-il-curricolo-di-scuola-infanzia-e-primo-ciclo-del-4-settembre-2012.pdf, 2013/10/31確認。

WEB

Centro iniziativa democratica insegnati（cidi）: http://www.cidi.it, 2013/10/31確認。
Clio'92: http://www.clio92.it, 2013/10/31確認。
Istituto Nazionale per la Storia del Movimento di Liberazione in Italia（Insmli）:
　http://www.italia-resistenza.it, 2013/10/31確認。
Laboratorio Nazionale per la Didattica della Storia（Landis）:
　http:// www.landis-online.it, 2013/10/31確認。

あとがき

　本書は，京都大学大学院教育学研究科に提出し，2013年3月に博士号を授与された論文「イタリアの歴史教育理論に関する考察―歴史教育と歴史学を結ぶ『探究』―」に加筆・修正を行ったものである。刊行に際しては，本務校である岐阜経済大学から出版助成を受けている。

　私がイタリアの歴史教育に関する研究を始めたのは，大阪外国語大学外国語学部（現大阪大学外国語学部）地域文化学科イタリア語専攻に学籍をおいていた2002年からである。当時は歴史教科書をめぐる論争が様々なメディアを通じてなされており，私は漠然と卒業論文で取り扱ってみたいと考えていた。歴史教科書論争においては現代史をどう扱うのかが主要な議論になっており，外国の教科書との比較研究なども行われていた。高校での教育実習から帰った私は，日本と同様に全体主義から民主主義への転換を経験したイタリアの歴史教育を調べればよいのではないか，卒業論文はこれでいこうと思い立ったものの，イタリアの歴史教育を取り扱った日本語の書籍や論文は見当たらなかった。人と違うことをやることに意味を見出す性分であった私は，誰もやっていないのであれば自分がやってみようという，今から思えばかなり軽い決意を胸に秘め，イタリアから高校の歴史教科書を取り寄せて稚拙な比較研究を始めたのである。当時の私は，学習内容の是非が議論の中心になっていた歴史教科書論争に対して，何か別の角度から考えることができないかと考えていた。本書を読み返してみると，研究を始めたころの問題意識はしっかりと反映されている。翌年，京都大学大学院教育学研究科に進学する機会に恵まれ，本格的にイタリアの歴史教育研究に着手することになった。ちなみに卒業論文の内容はかなり稚拙なものであり，大学院進学後のある授業で徹底的に批判していただいたことを今でも鮮明に覚えている。学問的なショックを受けたことがむしろ刺激になったのか，イタリアの歴史教育に関する研究を継続し，本書の刊行に至ることができた。

本書を読み返して思うことは，何も手がかりがないと思って始めた研究には，実は様々な手がかりあったのであり，先行研究として位置づけられる日本語の文献も存在していたということである。これまで蓄積されてきた先達の研究とのつながりを感じるときが，研究をしていて一番幸せなときである。そして，本書が他の研究とつながっていってくれればと思う。

　本書の刊行に至るまでには，実に多くの方々にお世話になった。私が研究者として最も幸運だと思っていることは，これまでお会いしたすべての方が私の研究に意味を見出してくださったことである。ここで感謝の言葉を述べたい。

　指導教官である田中耕治先生には，研究の指導だけではなく，研究者としての姿勢など多くのことを教えていただいた。大学院入学後の研究指導でおっしゃっていただいた「外堀を全部埋めていくような研究ではなく，本丸を攻める研究をしなさい」という言葉は，今でも私の研究指針である。

　同じく指導教官である西岡加名恵先生に最も感謝したいことは，いつ論文を持って行っても，適切なコメントをくださったことである。学会投稿の締め切りが1週間後ならば，1日で返却してくださることもあった。私が学生を指導する際は，西岡先生に指導していただいたことをいつも思い出している。

　イタリアの教育に関する研究の先達である杉野竜美さんには，研究を始めるにあたってイロハを教えていただいただけではなく，原稿の校正など様々な面で研究のご支援をいただいた。

　本書にも登場するアントニオ・ブルーサ先生には，研究目的でイタリアに渡る際にいつもご支援をいただいている。イタリアの歴史教育について研究したいという私を快く受け入れてくださり，研究のアドバイスだけではなく，資料や書籍など物的な援助もいただいた。ブルーサ先生の援助がなければ，この研究の物的な土台はもろいものになっていたと思っている。

　京都大学の教育方法研究室で切磋琢磨したメンバーにも，感謝の意を伝えたい。大学で教育学を専攻しなかった私にとって，毎週行われる各自の研究発表や研究室で交わされる雑多な会話が教育学を学ぶ大切な機会であった。

　そして，院生時代に私を含む教育方法研究室のメンバーを共同研究者として受け入れてくださった京都市立高倉小学校の先生方にも，同じく感謝の意を伝

えたい。私が学校と授業の具体的イメージを持てるようになったのは，先生方とご一緒させていただいた授業観察，事前検討会，事後検討会があったからである。

　最後になったが，出版に際して，法律文化社の田靡純子社長に大変お世話になった。

　そして，私のやりたいことをやらせてくれた両親に心から感謝したい。

　2014年1月

徳永俊太

索　引

あ　行

アナール学派　*3, 42, 48, 67, 90, 99, 117, 123, 130*
EU（欧州連合）　*4*
イタリア共和国憲法　*16, 20, 48*
イタリア統一史　*15, 20*
イタリアの学校体系　*2*
「一般史」（storia generale）　*29, 35, 42, 47, 85, 101*
Insmli（イタリア解放運動史研究所）　*2, 49, 54, 63, 102, 142*
ヴィゴツキー，レフ（Vygotsky, Lev）　*66*
ウォーラーステイン，イマニュエル（Wallerstein, Immanuel）　*99*
ウォッシュバーン，カールトン（Washburne, Careton）　*16*
オーラルヒストリー（storia orale）　*40*

か　行

学際性（interdisciplinalità）　*44, 46, 50, 100, 103*
学習プログラム（programmi）　*1, 4, 11*
「活動主義のモデル」（il medello attivistico）　*20*
カヤーニ，ルイージ（Cajani, Luigi）　*97, 106, 113*
「観念主義のモデル」（il modello attualistico）　*14*
北原敦　*42*
『教育』（Insegnare）　*4, 7, 101*
「教育可能性」（insegnabilità）　*29, 79*
教育の計画化（Programazzione）　*21, 23*
教科書（manuale）　*7, 42, 53, 63, 79, 103*
グアラッチーノ，シピオーネ（Guarracino, Scipione）　*3, 27, 51, 79, 85*
グッソ，マウリーチィオ（Gusso, Maurizio）　*55*
グラムシ，アントニオ（Gramsci, Antonio）　*42*
Clio'92　*39, 105*
クローチェ，ベネデット（Croce, Benedetto）　*42*
『現代イタリア』（Italia contemporanea）　*2, 7, 39, 49*
公教育省　*1, 7, 11*
コルナッキオーリ，トビア（Cornacchioli, Tobia）　*5, 14, 20, 27, 48*
コンピテンス（competenze）　*6, 33, 70, 100, 103, 106, 111, 129, 139*

さ　行

作業所（laboratorio）　*49*
佐藤一子　*4, 49*
ザンニーニ，アンドレア（Zannini, Andrea）　*5*
ジェンティーレ，ジョバンニ（Gentile, Giovanni）　*14*
実験室（laboratorio）　*20, 45*
「循環性」（ciclicità）　*1, 31, 54, 64, 140*
生涯学習　*4, 49, 139*
ジラルデット，ヒルダ（Girardet, Hilda）　*65*
市民教育　*84, 100, 134*
「垂直カリキュラム」（curricolo verticale）　*5, 51, 54, 64, 98, 140*
世界史　*97, 99, 106*
1985年学習プログラム　*2, 20*
「潜在するカリキュラム」（curricolo sommerso）　*64*
「操作」（operazioni）　*66, 70, 72, 95, 97, 119*

た　行

田辺敬子　*47, 49*

「探究」(ricerca)　2, 9, 40, 68, 84, 121, 139
地域史 (storia locale)　40, 46, 50
ディピエトロ, ジャンニ (Di Pietro, Gianni)　27
デューイ, ジョン (Dewey, John)　20, 48, 139
デルモナコ, アウロラ (Delmonaco, Aurora)　5, 56, 118
テンポ・ピエノ方式 (Tempo Pieno)　22

な 行

「認知スキーマ」　74
「認知的な構造」(struttura cognitive)　68
「認知的な操作」(operazioni cognitive)　66, 73

は 行

「ハイパーテキスト」(ipertesto)　85, 128, 141
パスロン, ジャン＝クロード (Passeron, Jean=Claude)　47
パンチェーラ, ワルテル (Panciera, Walter)　5
ピアジェ, ジャン (Piaget, Jean)　66
「非継続性」(discontinuità)　1, 31, 54, 64, 140
「150時間コース」(150ore)　49
フェーヴル, リュシアン (Febvre, Lucien)　43, 58, 99, 117
ブルデュー, ピエール (Bourdie, Pierre)　47
ブルーサ, アントニオ (Brusa, Antonio)　3, 24, 56, 79, 99, 101, 111, 122, 141
ブローデル, フェルナン (Braudel, Fernand)　99
ブロック, マルク (Bloch, Marc)　99, 130
文化的再生産　47
文献資料　41, 88
『ヘロドトスの旅』(I viaggi di Erodoto)　3, 7, 39, 79, 98

ま 行

前之園幸一郎　4, 11, 13, 18, 22
マットッチィ, イーボ (Mattozzi, Ivo)　1, 39, 63, 112, 120, 139

や 行

読み書き計算　12

ら 行

ラディーチェ, ルチオ・ロンバルト (Radice, Lucio Lombardo)　49
ラボラトーリオ (laboratorio)　2, 9, 35, 45, 50, 54, 87, 117, 139
Landis (歴史教育のための全国研究所)　2, 55, 63, 79, 102, 117, 142
ランベルティ, ラッファエッラ (Lamberti, Raffaella)　2, 45, 118, 139
リクペラーティ, ジュゼッペ (Ricuperati, Giuseppe)　41, 47, 50
量的資料　92
「歴史研究所」(laboratorio)　58, 104, 117
歴史科 (Storia)　1, 12, 17, 19, 25
歴史カリキュラム論争　9, 35, 77, 85, 97
歴史教育における対立軸　28, 52, 63
「歴史的探究」　29, 37, 51
「歴史の教養」(cultura storica)　8, 35, 72, 139
労作 (Lavoro)　16, 18

●著者紹介

徳永俊太（とくなが しゅんた）

1980年，京都生まれ
京都大学大学院教育学研究科博士後期課程修了
現在　岐阜経済大学経営学部　専任講師　博士(教育学)

Horitsu Bunka Sha

岐阜経済大学研究叢書 16

イタリアの歴史教育理論
──歴史教育と歴史学を結ぶ「探究」

2014年3月30日　初版第1刷発行

著　者	徳永俊太
発行者	田靡純子
発行所	株式会社 法律文化社

〒603-8053
京都市北区上賀茂岩ヶ垣内町71
電話 075(791)7131　FAX 075(721)8400
http://www.hou-bun.com/

＊乱丁など不良本がありましたら、ご連絡ください。
　お取り替えいたします。

印刷：西濃印刷㈱／製本：㈱藤沢製本
装幀：前田俊平
ISBN 978-4-589-03582-0

Ⓒ 2014 Shunta Tokunaga Printed in Japan

JCOPY　〈(社)出版者著作権管理機構 委託出版物〉

本書の無断複写は著作権法上での例外を除き禁じられています。複写される
場合は、そのつど事前に、㈳出版者著作権管理機構（電話03-3513-6969，
FAX03-3513-6979，e-mail: info@jcopy.or.jp）の許諾を得てください。

三羽光彦著 **高等小学校制度史研究** A5判・324頁・4300円	戦前日本の主要な教育機関であった高等小学校の通史。学校制度の矛盾と問題点を実証的に明らかにする。「発足期の制度と実態」「大衆化と矛盾」「教育の変容と可能性」の3部10章構成。〔日本教育行政学会奨励賞〕
三羽光彦著 **六・三・三制の成立** A5判・430頁・5800円	戦後日本の六・三・三制の成立経緯を実証的に明らかにすることを通して、その理念と本質を明らかにする。中高一貫制度の導入がいわれる今日、六・三・三制の意義を再認識し、現代教育の課題も提示。『高等小学校制度史研究』の続編。
菊池一隆著 **東アジア歴史教科書問題の構図** ―日本・中国・台湾・韓国,および在日朝鮮人学校― A5判・380頁・6000円	日・中・台・韓・在日朝鮮人学校の歴史教科書は史実にどのようにアプローチし，いかなる論理構成で評価を与えているか。各国の特色や共通性／差異を示し，東アジア史の中での日本の位置と相互の有機的関連を構造的に考察する。
星乃治彦・池上大祐監修／ 福岡大学人文学部歴史学科西洋史ゼミ編著 **地域が語る世界史** A5判・252頁・2500円	グローバル・ヒストリーと地方史の接近をめざし，歴史学から地域の再定位を試みる。「身近な」「せめぎあう」「つながる」3つの地域（11研究）の個性を世界史のなかに位置づけ，そこに生きる人々の歴史を描きだす。
星乃治彦監修／ 福岡大学人文学部歴史学科西洋史ゼミ編著 **学生が語る戦争・ジェンダー・地域** A5判・252頁・2400円	現代の大学生が共同でつくりあげた帝国史アラカルト。帝国と地域をキーワードに様々な観点から考察したゼミ生による研究成果を収録。史学研究の多様性と可能性，そのおもしろさを伝える。
立田慶裕・今西幸蔵編著 **学校教員の現代的課題** ―教師力・学校力・実践力― A5判・230頁・2700円	学校現場と教育政策に関する最新の情報とデータに基づいた知見を提示し，教員の知識技能の習得を図る。「教職とは何か」「子どもを理解する」「教育政策を知る」「学校における連携と協力」のテーマ別に解説。

―法律文化社―

表示価格は本体（税別）価格です